내 삶에 새 일을 행하시는
하나님

내 삶에 새 일을 행하시는 하나님

지은이 이강애 외
펴낸이 안용백
펴낸곳 (주)도서출판 넥서스

초판 1쇄 인쇄 2010년 7월 25일
초판 1쇄 발행 2010년 7월 30일

출판신고 1992년 4월 3일 제311-2002-2호
121-840 서울시 마포구 서교동 394-2
Tel (02)330-5500 Fax (02)330-5555
ISBN 978-89-6000-926-4 03230

저자와 출판사의 허락 없이 내용의 일부를 인용하거나
발췌하는 것을 금합니다.

저자와의 협의에 따라서 인지는 붙이지 않습니다.

가격은 뒤표지에 있습니다.
잘못 만들어진 책은 구입처에서 바꾸어 드립니다.

www.nexusbook.com
넥서스CROSS는 (주)도서출판 넥서스의 기독 브랜드입니다.

내 삶에 새 일을 행하시는 하나님

이강애 외 지음

넥서스CROSS

누구나 사연이 있는 삶을 살아갑니다. 굴곡 많은 인생일수록 삶에 새 일을 행하시는 하나님을 만나게 되며 그 은혜가 크고 깊습니다. 여기 극동방송 간증 공모 이야기 하나하나가 친구의 마음처럼 친근하게 공감이 가면서도 경이로움으로 신비롭게 느껴질 것입니다. 그래서 라디오 소리에 감동했던 제2의 송명희도 있으리라 생각합니다.

이 이야기들을 그저 남의 일로만 본다면 그 속에 역사하신 하나님을 책으로만 보게 될 것입니다. 그러나 그들의 하나님이 여러분의 삶에도 함께하신다면 책을 뛰어넘어 놀라운 간증 이야기가 될 것입니다.

그 어떤 삶도 변화시키시고 언제나 새 일을 행하시는 하나님을 찬양하며 이 귀한 책을 반가운 마음으로 추천합니다.

찬양시인 송명희

회복 불가능했던 제 피부에 새 살을 돋게 하신 하나님, 원망으로 가득 찬 제 삶을 희망으로 채워주신 하나님을 극동방송 신앙 간증 이야기에서도 만날 수 있었습니다.

사람은 누구나 땅 속 깊은 곳까지 주저앉고 싶은 절망을 만날 때가 있습니다. 저 또한 처절한 고통 속에서 눈물 나게 아름다운 하나님의 뜻을 깨달았습니다. 이 책 역시 그러한 삶을 여과 없이 보여주면서 더욱 진실되고 사실적으로 하나님의 선하신 영향력을 증거 하고 있습니다.

어떤 모습으로 어떤 상황에 있든지 항상 새 일을 행하시는 하나님의 놀라운 사랑이 이 책을 읽는 모든 사람에게 가득하길 기도합니다.

《지선아 사랑해》 저자 이지선

누군가의 진심 어린 삶의 체험담을 통해 감동을 느끼고 공감대가 형성되었을 때 신앙을 갖게 되는 경우가 많습니다. 그런 의미에서 이번에 하나님의 사랑을 발견한 사람들의 진솔한 간증들을 모은 《내 삶에 새 일을 행하시는 하나님》이라는 책이 나오게 된 것을 매우 기쁘게 생각합니다.

수천 마디의 말보다 이 책 한 권이 주는 영혼구원의 영향력이 대단할 것이라고 믿습니다. 신앙인들에게는 자신의 신앙을 돌아보는 계기가 될 것이고 불신자들에게는 신앙을 갖는 것이 인생의 행복이라는 결단을 촉구하는 매개체가 되리라 기대합니다.

또한 마음에 깊은 감동과 여운이 흐르는 내용들이 많으므로, 독자들에게 건강한 내면의 영성을 함양시키는 기회가 마련되기를 소망합니다.

꿈의교회 담임목사 김학중

심사의 글

한 개인의 간증을 놓고 우열을 가린다는 것 자체가 모순인지도 모른다는 생각이 들었습니다. 왜 나만 이 고난의 불구덩이 속에 놔두시냐고 하나님을 원망할 만큼 힘든 터널을 지나, 주님의 깊은 뜻을 헤아려가는 승화된 삶의 모습은 같았기 때문입니다. 그래서 더욱더 기도하는 마음으로 작품을 보았습니다.

이번 응모 작품의 특징은 소재가 참으로 다양하다는 점입니다. 사선을 넘어온 탈북 이야기, 무당과의 싸움, 희귀병과의 전투적인 삶, 가족의 갑작스러운 죽음 등 읽는 내내 가슴이 먹먹했습니다. 지금 내가 겪고 있는 아픔이 얼마나 소소한가를 깨닫게 하는 시간이기도 했습니다. 뽑힌 글과 그렇지 못한 글의 차이는 종이 한 장에 불과하다고 봅니다. 그런 의미에서 극동방송 생활 수기에 응모된 모든 작품이 소중하다는 말씀을 드리고 싶습니다.

소설가 박경희

여는 글

이 땅에서의 삶은 고난과 고통의 연속입니다. 때로는 눈물 골짜기를 혹은 사망의 음침한 골짜기를 지나는 것이 인생입니다. 영원한 도성을 향한 성도들의 발걸음에도 예외는 없습니다. 하지만 예수를 주로 고백하는 성도들의 삶에는 '내가 세상 끝 날까지 너와 항상 함께하겠다'는 하나님의 말씀이 분명한 약속으로 주어져 있습니다.

"사람이 사람을 만나면 역사가 일어나고, 사람이 하나님을 만나면 기적이 일어난다!"는 말을 사람들에게 자주 하곤 합니다. 하나님이 인생을 만나주는 장소가 바로 고난의 자리입니다. 하나님께서 인생에 새 일을 행하시고 기적을 베푸시는 자리가 바로 무언가 막힌 것 같고, 인간의 힘으로는 도저히 풀릴 것 같지 않은 일을 만날 때입니다. 그런 의미에서 삶의 결핍과 고통은 축복으로의 초청입니다.

여기에 실린 12편의 간증문은 극동방송의 2010년 사역표어인

'내가 새 일을 행하리라'에 맞춰 실시된 간증 공모전의 수상작들입니다. 한 편 한 편의 간증문은 인생의 고난과 역경 속에서 함께하신 하나님에 대한 생생한 기록들을 담고 있습니다. 험한 인생길, 우리를 고아와 같이 버려두지 않으시고 만나주시며 기적을 베푸시는 하나님의 이야기가 담겨 있습니다.

부디 이 책이 여전히 고난과 역경 가운데 있는 성도들의 삶에 위로와 소망을 전해줄 수 있기를 소망합니다. 그래서 이 책의 주인공들과 동일한 고백을 할 수 있기를 원합니다.

"주님, 제 삶에 새 일을 행하셨습니다!"

이 책을 읽는 모든 사람에게 하나님의 은혜와 평강이 함께하시길 기도합니다.

극동방송 이사장 김장환 목사 · 사장 김은기 장로

차 례

추천의 글　6
심사의 글　9
여는 글　10

내가 만일 주님을 몰랐다면　15
작은아이가 이상하다 | 검은 세상에 선 남편 | 남이 보지 못한 눈을 갖다 | 아이 둘을 통한 하늘의 위로 | 나는 행복한 여자다

술래　33
무덤 속에 숨은 나 | 하나님께 붙잡힌 삶 | 술래가 된 둘째 할아버지

조선인민군 탈영병이 주님의 병사로　55
빨갱이의 딸로 태어나다 | 탈영의 길 | 남조선 괴뢰의 등장 | 독방에서의 고백 | 마라나타를 외치는 그날까지

어제의 낡은 옷을 벗고　85
지극히 작은 자보다 더 작은 나에게 | 거친 풍랑 속에서 얻은 깨달음 | 나는 아직도 투병 중

무당집에 꽂힌 십자가　107
무당집 | 영적 전쟁 | 불붙은 나무 십자가 | 주님을 모시는 성전 | 16살, 예수님을 만나다 | 어머니의 네 가지 예언적 유언 | 사랑이 최고니라 | 5분 설교 | 네 무릎을 칠 수밖에 | 너는 내 것이라 | 아들을 보내주십시오

내 아버지의 어부바　135
작은 천사 승현이 | 날개 잃은 인생 | 히스기야의 기도처럼 | 내 모든 것을 만지다

터널 153
실낱 같은 빛이 보이다 | 인도하심 | 회복 | 보내심 | 부르심

벼랑 끝에서 들린 하나님의 음성 183
풍요 속의 빈곤 | 내가 널 사랑한다 | 나의 떼쓰기 식 전도 | 기적 같은 하나님의 약속

하나님이 주신 귀한 이름 199
내 이름은 송순덕 | 천국 별이 된 남편 | 주님만 바라보는 훈련 | 새롭게 시작되는 황금어장

행복한 진흙 덩어리 219
나의 과거를 변화시키지 않는 하나님 | 나보다 나를 더 잘 아시는 하나님
과거의 나와 만나기 원하시는 하나님 | 결핍을 소명으로 이끄신 하나님
나의 미숙함을 어루만지시는 하나님 | 바보엄마로 살게 하신 하나님
나를 빚으시는 하나님

예수 안에 거듭난 행복 255
결혼과 교회 개척 | 목포 반달 섬 달리도로 | 어둠이 지배하던 섬이 성령이 지배하는 섬으로 | 첫사랑 회복과 성령 체험 | 극동방송을 통해 선교를 시작하다 | 변화와 성숙 | 하나님이 키워주셨어요 | 선교 축복 | 영혼의 쉼터

나는 주님의 딸입니다 279
북한 당 간부의 외동딸 | 어둠 속에서 구원해주신 하나님 | 나를 훈련시키신 하나님 | 나는 주님의 딸입니다

내 형제 중에 지극히 작은 자
　하나에게 한 것이 곧 내게 한 것이니라.
마 25:40

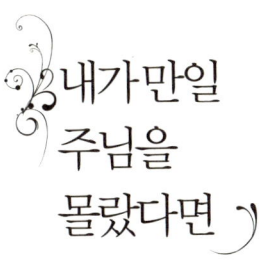

내가 만일 주님을 몰랐다면

이강애

내가 만일 주님을 몰랐다면, 예수를 믿지 않았다면, 믿음을 갖지 않았다면 나는 이 세상에서 정말 불쌍하고 불행한 여자 중 하나였을 것이다. 시각장애 1급인 남편과 지적장애 2급의 아들, 부잣집도 아니요, 큰 명예를 가진 것도 아닌 집에 시집와서 고생스럽게 살고 있으니까.

나는 믿는 가정에서 5남매 중 둘째로 태어나 순탄하게 학창시절을 보냈다. 국립사범대학 졸업 후 여성 직업 중 가장 좋다는 중고등학교 선생이 되었다. 그때까지만 해도 나의 삶은 매우 평탄하였다. 그런데 인천시 강화군에 있는 한 고등학교에 초임 발령을 받고 근무하고 있을 때였다. 내가 다니는 교회의 담임목사님께서 나를 무척 사랑해주고 아끼셨는데 당신의 친구 아들을 소개할 테니 한 번 만나보라고 하셨다. 그 친구 아들은 당시 신학대학원 졸업을 앞두고 있는 전도사로 남들 3년 다니는 신학대학원을 2년 만에 졸업할 정도로 똑똑하고 실력 있는 청년이었다. 군목으로 군에 입대하여 군 생활을 마치면 바로 미국으로 유학을 가서 학위를 받고 신학대학 교수가 될 전도양양한 청년이기도 하였다.

사실 나는 어려서부터 교회에 다니면서도 목회자 아내에 대한 동경은 없었다. 이름도 빛도 없이 목회자의 아내로 사는 분들을 보아왔는데 그런 삶이 그리 좋아보이진 않았다. 하지만 교수가 될 사람이라고 하니까 한 번 만나보기로 했다. 그때 만난 사람이 바로 지금의 남편이다. 만나보니 멋있어 보였고 소개해주신 목사님과 양가 부모님께서도 마음에 드셨는지 서둘러 결혼을 시키자고 하셨다. 그래서 당시 군목이던 남편과 결혼하게 되었다.

남편이 군목 생활을 하는 동안 나는 시부모님이 계신 경기도 광주의 중학교로 임지를 옮겼다. 그곳에서 중학교 교사 생활을 하면서 연년생 사내아이 둘을 낳았다. 첫아이를 낳았을 때까지만 해도 나는 세상에 부러운 것이 없었다. 멋진 남편과 첫 손자를 보신 시부모님께서 나를 무척 예뻐해주셨기 때문이다.

작은아이가 이상하다

그런데 연년생으로 태어난 둘째아이는 20여 일 조산한데다가 황달이 심하여 인큐베이터에서 며칠간 더 있은 후 퇴원하게 되었다. 당시 남편은 제대가 얼마 남지 않았고, 제대 후 아이들과 함께 유학을 떠날 계획이었다. 그러나 작은아이는 큰아이처럼 잘 자라질 못했다. 앉아야 할 때 앉지 못했고 서야 할 때 서지 못했으며, 한 돌이 지나서도 걷지 못했다.

나는 아이에게 무언가 문제가 생겼다는 것을 직감으로 알았다. 나의 느낌을 더욱 확고하게 했던 것은, 당시 기독교 언론사인 K일보에 연재되고 있던 어떤 목사님의 간증문이었다. 뇌성마비 장애를 가진 딸을 둔 어떤 목사님께서 딸의 장애를 치료하기 위해 다양한 방법을 연구하고 딸의 병을 고치려고 노력하던 중 실제로 그 치료 방법이 효과가 있어 딸의 장애가 많이 호전되었다는 내용이었다.

그런데 내가 그 간증문에 관심을 기울이게 됐던 것은 그다음 내용 때문이었다. 그 목사님께서 딸을 치료한 방법을 다른 장애아들에게 적용한 결과, 장애의 정도가 많이 나아지게 되었다는 것이다. 그런데 공교롭게도 신문에 소개된 장애아들의 특성이 우리 작은아이에게 그대로 나타나고 있었다.

작은아이는 4살이 되어서도 대소변을 가리지 못했고, "엄마" 이외에는 다른 발음을 따라하지 못했으며 빨대로 물을 빨아먹는 것조차 어려워했다. 그래서 나는 근무하던 학교에 연가를 내고 작은아이를 데리고 종합병원에 가서 정밀검사를 받아보기로 했다. 작은아이는 너무 어려서 며칠 입원하여 검사를 받아야 했다. 그 결과 의사의 진단은 '이상 소견 없음'이었다. 그래도 석연치 않아 집 근처 장애인복지관을 찾아가 특수교육을 시켜보려 했지만 역시 너무 어리다고 더 있다가 오라며 받아주질 않았다. 어른들께서도 대기만성(大器晩成)이라시며 늦되는 아이가 있으니 너무 염려하지 말라고 하셨다.

나는 연년생을 키우는 어미로서 마음이 편치 않았지만 여러 가지 정황으로 스스로를 안심시키며 다시 학교에 출근하였다. 그리고 몇 개월 동안 작은아이를 계속 지켜보는 가운데 마음 한구석에 무언가 석연치 않은 점이 느껴졌다. 그래서 K일보에서 읽었던, 그 목사님이 운영하시는 특수교육원의 전화번호를 찾아 전화를 걸었다. 아이의 증상을 들으신 목사님은 하루속히 특수교육을 받지 않으면 증세가 더 심해진다며 빨리 데려와서 치료를 받으라 하셨다. 나는 그 즉시 그곳에 찾아가 상담을 하게 되었고, 작은아이가 2년 정도 교육을 받으면 많이 좋아질 거라는 다소 희망적인 이야기를 듣게 되었다. 그래서 다른 사람 손에 아이를 맡기느니 내가 직접 아이를 키우며 특수교육을 시키리라 마음먹고 교단에서 물러났다. 그리고 5살과 4살 된 두 아이를 데리고 매일 특수교육을 받기 위해 1시간이 넘는 거리를 다녔다. 그렇게 버스 타고 걸으며 2년 반을 다녔다.

그때 제대한 남편은 이미 유학을 포기한 상태였다. 미국 두 곳의 대학에서 입학허가서와 장학금 통지서까지 받았지만, 아이에게 장애가 있다는 사실을 알게 된 남편은 "장애를 가진 아이를 낳았는데 유학은 해서 무엇하겠느냐"라며 의욕이 꺾인 채 포기하고 말았다.

당시 나는 아이의 장애를 어쩔 수 없는 운명으로 받아들였고, 일단 최선을 다해 치료해보자는 생각을 하고 있었지만 남편은 여전히 아이의 장애를 용납하지 못하는 것 같았다. 그 당시 자신이 이 세상에서 가장 똑똑하고 잘난 사람이라고 생각했고, 자신의 인생에 실패는 없다고 생각했던 남편이었으므로 아이의 장애는 받아들이기 어려운 것이었고 자존심에 심한 상처를 받은 것 같았다.

그렇게 남편은 유학을 포기했고, 다른 어떤 교회의 부목사 초빙에도 응하지 않은 채 날마다 힘든 시간을 보내고 있었다.

나는 특수교육을 통해 아이의 장애를 고쳐보고자 매일같이 먼 거리의 특수교육원을 다니는 것도 힘겨웠지만, 마음을 잡지 못하고 아이의 장애를 받아들이지 못하는 남편을 지켜보는 것은 더 힘들었다. 백짓장도 맞들면 낫다는데 남편이 나를 위로해주기는커녕 더 힘들게 하니 나 자신이 너무 불쌍하고 견딜 수 없어 눈물로 하루하루를 지냈다.

그때 물론 아이를 위해 기도를 드렸지만 주님을 전적으로 신뢰하지 못했고 '특수교육을 어느 정도 받으면 정상아가 되겠지. 설마 내 아이가 계속 장애아로 살게 되진 않을 거야. 곧 좋아질 거야' 하며 2년 반을 특수교육에 매달렸다. 아이는 금방이라도 좋아질 듯, 좋아질 듯 하였지만 크게 나아지진 않았다. 아이는 몸도 허약해 비틀거렸고 열이 조금만 나도 심한 경기를 하여 나의 애간장을 태우곤 하였다. 결국 나는 작은아이의 특수교육을 그만두어야 했고 아이는 어느덧 학교에 갈 나이가 되어버렸다.

검은 세상에 선 남편

그때 남편은 일반교회의 목회자가 아닌, 한 연구소의 스텝으로 일하다가 구로동에서 목사로서는 처음으로 외국인 근로자 선교를 시작하게 되었다. 평소에 남편의 인생 모토가 남이 하는 목회는 하지 않겠다는 것이었고, 무언가 남다른 인생을 살겠다는 것이었는데, 국내에 들어온 외국인 근로자를 선교하는 일이 그런 일 중에 하나라고 생각하였다. 그러나 그때 남편은 과로와 분노, 스트레스에 시달려 그만 급성 포도막염으로 시력을 거의 잃게 되었다. 남편의 나이 불과 33살, 큰아이가 8살, 작은아이가 7살, 내 나이가 32살일 때 일어난 일이었다.

엎친 데 덮친 격으로 작은아이 때문에 힘든 상황에 남편까지 시각장애를 갖게 된 것이다. 남편은 아직 아이의 장애도 수용하지 못한 상태에서 자신마저 새로운 각오로 주님의 일을 하겠다고 하다가 시력을 잃었으니 충격과 절망감에 어찌할 줄 몰라 했다. 나는 목사인 남편의 입에서 죽고 싶다는 말을 수없이 들었다.

그때 나는 아이 때문에 교단에서 물러나 장애아의 엄마로 살아가는 모습이 너무 초라하게 느껴져 괴로웠고, 힘들어하는 내게 따뜻한 위로의 말 한마디 해주지 않던 남편을 원망하며 지내고 있었다. 그런데 어느 날인가 남편이 죽으러 가니 찾지 말라고 했다. 청천벽력과 같은 소리였다. 그렇게 말하고 아침에 나간 남편은 다음 날이 되어도 돌아오질 않자 정말이지 나도 죽고 싶을 정도로 괴로웠다. 그렇지만 어린아이 둘을 보며 참고 또 참았다. 그리고 밤새 남편이 무사히 돌아오기만을 기도했다. 그때를 돌아보면 내가 참 을성이 많아서 참은 것이라 생각했는데, 그게 아니라 주님께서 나를 붙잡아주신 거였다. 감사하게도 주님께서 나의 기도를 들어주셔서 남편은 다음 날 저녁 무렵 집으로 돌아왔다. 나갈 때와는 사뭇 달라진 모습으로….

남편은 그 후 무언가 새롭게 결심을 한 듯 금식하며 기도하기 시작했다. 후에 남편의 이야기를 들으니, 바다에 빠져 죽으려고 강원도 묵호항에 갔는데 그곳에서 추위에 떨고 있는 노파들 틈에서 주님의 모습을 보고, 주님의 음성을 들었다고 한다. 주님께서 절망 중에 〈호세아서〉의 말씀으로 위로해주셨고 남편은 그 자리에서 주님께 약속했다고 한다. 죽기까지 주님께서 보내주신 외국인 이주자와 이 땅의 소외된 이들을 섬기면서 살겠노라고 말이다.

남이 보지 못한 눈을 갖다

남편은 그때를 계기로 외국인 근로자 선교 사역지를 구로공단에서 뚝섬 성수공단으로 옮겨 새로운 마음으로 외국인 선교를 시작하였고 나도 틈틈이 남편을 도왔다. 당시 성수공단의 어떤 교회에서 지하 사무실 한쪽과 식당을 쓸 수 있게 배려해주었기에 그 사역을 시작할 수 있었다. 음식도 잘 못하는 내가 주말이면 시장을 보고 주일 저녁 자원봉사자들과 함께 100명이 넘는 외국인의 식사를 준비하여 대접하였다.

아무것도 할 줄 모르는 부족한 나였지만 시댁에 살면서 시어머님께 많이 배우기도 하였고 아이의 장애와 남편의 좌절을 통해 수차례 단련되었기에 그런 일도 감당할 수 있었다. 어쩌면 특수 목회를 하는 남편을 도우라고 혹독한 훈련을 시키신 것이 아닌가 싶다. 평일에는 아이들 뒷바라지하며 시부모님 모시고 분주히 살았고 주말과 주일이면 외국인들 식사 준비로 바쁘게 살았다. 몸은 피곤했지만 주님께서는 충분히 감당할 힘을 더해주셨다.

하나님께서는 외국인들을 계속 보내주셨고 결국 외국인들이 너무 많이 모여, 교회에서 나가라는 통보를 받게 되었다. 그땐 막막했지만 하나님은 위기를 기회로 만들어주셨고, 강변역 인근의 건물 지하에서 또다시 선교 사역을 할 수 있도록 인도하셨다. 그곳에서 남편은 몽골인 근로자 자녀들을 위한 '재한몽골학교'를 설립하였고, '사단법인 몽골문화원'을 세웠다.

모두가 남들이 하지 않은 최초의 일이었다. 새 일을 행하시는 하나님의 섭리를 깨닫게 된 것이다. 그뿐 아니라 어려운 중에 실직한 외국인들과 독거노인, 노숙자들을 위한 '매일무료급식'을 시작하여 올해로 무료급식을 시작한 지 13년이 되어간다. 우리도 자립하지 못하는 어려운 상황이었지만, 단지 주님께서 원하시는 일이라는 믿음으로 일단 시작을 하면 하나님께서 사람을 붙여주시고 물질을 보내주셔서 모든 일을 감당하게 하셨다.

우리의 사역은 계속 넓어져 '선한 사마리아 여인숙'이라는 외국인 쉼터를 마련하여 운영하게 되었고, 3~7살까지의 다문화가정 어린 자녀들을 위한 '나섬어린이집'을 만들게 되었으며, 결혼이주여성들의 한국 정착을 돕는 '나섬다문화학교'도 운영하게 되었다.

이 모든 일은, 시작하기 전 미리 예산을 짜고 계획을 세워서 하려고 했다면 하지 못했을 것이다. 그러나 그때그때 누군가 꼭 해야 할 일이라 여겨 시작하면 그다음은 하나님께서 이끌어가셨다.

남편의 육신의 눈을 가져가신 하나님께서는 남편에게 남들이

가지지 못한 또 다른 눈을 주셔서 남들이 생각하지 못하고 보지 못하는 많은 새 일을 하게 하셨다. 그러다 보니 조금 남아 있던 남편의 시력은 이제 전혀 볼 수 없는 상태까지 이르렀고 누군가 옆에서 돕지 않으면 화장실 가는 일도, 식사하는 일도, 책을 읽는 일도 할 수 없게 되었다. 육신적으로 보면 얻은 것보다는 잃은 것이 훨씬 더 많다. 남편의 시력은 완전히 상실되었고, 아이는 여전히 지적장애 2급의 장애아이며 우리 형편 또한 크게 달라지지 않았으니까.

그렇지만 신실하신 주님께서는 육신적으로 우리가 잃은 것의 몇 곱절, 아니 몇천 배 큰 은혜를 주셨으며 지금도 주고 계심을 고백한다.

아이 둘을 통한 하늘의 위로

지금 큰아이는 대학 3학년에 재학 중이고 작은아이는 올해 고등학교를 졸업하였다. 원래 2년 전에 고등학교를 졸업했어야 할 나이지만 올해 고등학교를 졸업한 후 복지관에서 운영하는 사설 대학의 직업탐색과에 입학하여 재미있게 다니고 있다.

작은아이는 어느새 많이 자랐고 생각도 행동도 제법 의젓해졌다. 그 아이 때문에 힘든 시간도 있었지만 지금은 그것과 비교할 수 없이 우리 가정과 교회에 많은 웃음과 위로를 주고 있다. 그 아이가 우리에게 없었다면 얼마나 삭막했을까? 그 아이를 내게 주시지 않았다면 내 삶이 어떠했을까? 우리는 그 아이에게 인색했고, 그 아이가 태어나 장애를 가진 것을 알았을 때 진심으로 환영해주지 않았지만 그 아이는 언제나 나와 우리 가정에 웃음을 주었고 우리를 안아주었으며 받아주고 위로해주었다. 주님께서는 내게 장애나 짐이 아니라 천사를 보내주신 것이요, 선물을 주신 것이다. 뒤늦게야 그 사실을 깨닫게 되었다.

큰아이는 재수를 하여 대학에 들어갔다. 모든 부모가 그러하듯이 나 또한 아이가 고교 3년이었을 때 재수를 시키려고도, 재수를 할 것이라고도 상상하지 않았다. 그래서 세 군데 대학에 지원할 수 있었으나 소신껏 아이가 원하는 대학 한 곳에만 지원을 하였다. 그런데 그만 불합격하여 재수를 해야 했다. 처음에는 낙심되어 어찌할 바를 몰랐지만 이내 하나님 앞에서 아이도 나도 겸허해질 수 있었다. 주님께 모든 것을 맡기고 무릎 꿇어 기도할 수밖에 없었다.

재수하는 1년 동안 아이도 나도 힘든 시간을 보냈지만 잘 이겨낼 수 있게 해달라고 주님께 기도드렸다. 아침마다 아이의 도시락을 싸놓고 아이의 머리맡에서 기도하고 아이를 깨웠다. 주님께서 도와주지 않으시면 또 실패할 수 있다는 것을 알았기 때문이다. 큰아이도 재수하는 동안 한 번도 주일예배를 빠진 적이 없었고, 주일에는 학원도 독서실도 갈 생각을 아예 하지 않고 늦게까지 외국인 근로자들을 섬기는 일에 함께하였다.

그런 아이의 모습이 기특하면서도 부모로서는 불안함을 느꼈던 것이 솔직한 심정이었다. '아무리 주일이라지만 예배드렸으면 독서실에 가서 공부 좀 더 하지' 하는 생각과 함께 '저러다가 또 낙방하면 어쩌려고' 하는 두려움도 있었다.

그러나 하나님께서는 그런 아이의 모습을 예쁘게 보셨는지, 아니면 눈도 보이지 않는 남편 유해근 목사가 열심히 주님의 일하는 모습에 감동하셔서 위로하고 싶으셨는지 아이에게 넘치는 선물을 주셨다. 재수하여 얻은 아이의 성적은 우리의 기대와 예상을 훨씬 넘어섰다. 아이는 수능시험에서 모두 1등급을 받았고, 결국 K대학교에 장학생으로 입학하는 영광을 누리게 되었다. 그동안 아이에게 과외 한 번 제대로 시켜주지 못하고 학원도 제대로 보내지 못할 정도로 부모로서 잘해주지 못했지만 예상 밖의 좋은 결과를 얻게 되니 하나님께 너무 감사했다.

그때 다시 한 번 깨달았다. 하나님께 잘 보이면, 아니 하나님께서 잘 보시면 넘치도록 풍성한 은혜를 부어주신다는 사실을. 그러니 사람에게만 잘 보이려고 애쓸 것이 아니라 하나님께 더욱 잘 보이도록 힘쓰며 살고자 한다.

나는 행복한 여자다

앞에서 말했듯이 내가 만일 예수님을 몰랐더라면, 세상에서 무척 불행하고 불쌍한 여자 중 하나였을 것이다.

그러나 지금 나는 결코 불행하다고 느끼지 않는다. 오히려 이보다 더 좋을 순 없다고 고백하고 싶다. 그것은 남편과 아이의 장애가 없어졌기 때문이 아니다. 아이도 남편도 여전히 장애를 갖고 있지만 인내하며 기다리니 하나님께서는 넘치는 은혜를 주셨고 우리 가정을 통해 아직도 새 일을 행하고 계신다.

어려움과 고통 중에 원망과 불평도 많았지만 그래도 참고 참으니 나중엔 하나님께서 기쁨으로 인내할 수 있는 은혜를 주셨다. 아니, 참을 수 있게 하신 것도 주님이셨다. 내가 혼자라고 느끼고 나 자신이 초라하다고 느낄 때에도 주님은 함께 계셨고, 고통과 슬픔을 함께 느끼셨던 것이다.

지금도 어려운 고비와 순간은 늘 존재한다. 장애물은 여전히 내 삶의 여정 가운데 놓여 있다. 그러나 이젠 괴로워하거나 좌절하거나 낙망하지 않는다. 주님께서는 애통하는 자에게 복이 있다 하셨고, 위로를 받을 것이라 하셨다. 나는 주님의 위로를 받는 자가 되었으므로 복이 있는 자이다.

그것이 이전의 나와 지금의 내가 다른 모습이다. 나의 모든 것을 아시는 주님께서, 모든 것에 능하신 주님께서 나와 함께하시기 때문이다. 내가 만일 주님을 몰랐다면 이 모든 것을 짐이라고 생각하며 나 혼자 감당해야 하니까 세상에서 가장 불행한 여자가 될 수밖에 없었을 것이다. 하지만 모든 짐을 대신 져주시고 능히 이기게 하시는 주님을 의지하니 이제 나는 행복한 여자다.

인생을 살면서 누구나 어려움을 겪는다. 너나 할 것 없이 누구나 몇 가지의 어려움을 갖고 살아간다. 그렇지만 주님을 믿는 우리는 그 고난과 역경을 이겨낼 수 있는 능력이 있기에 두렵지 않다. 우리는 행복한 사람들이다.

내가 만일 교직 생활하면서 평범한 사람 만나 평탄히 살게 되었다면 고통과 고난은 덜했을지 몰라도 지금처럼 의미 있고 깊이 있는 인생은 살지 못했을 것이다. 감사하게도 하나님은 나로 하여금 고난과 연단의 통로를 지나게 하셨고 내 가정, 내 아이만 생각하는 좁은 소견이 아니라, 보다 넓은 시야로 내 이웃의 어려움을 보는 눈을 갖게 하셨고 그들과 함께 살 수 있는 용기를 주셨다.

작은아이가 장애를 갖고 태어나지 않았다면, 남편이 이토록 힘든 목회를 하지 않았더라면, 남편의 눈이 계속 보였더라면, 내가 어떻게 소외당하고 고통당하는 이들에게 눈길 한 번 줄 수 있었겠는가?

구약과 신약성경에 나타나 있는 하나님의 마음은 언제나 약자를 향하고 계셨음을 발견할 수 있다. 구약성경에 보면 하나님께서는 언제나 나그네와 고아와 과부를 홀대하지 말라고 당부하셨다. 나그네와 고아와 과부는 이 세상에서 정말로 연약한 이들을 나타내는 말이다. 하나님의 마음이 이 세상 어디에 머물러 계신지를 알 수 있는 단서이다.

주님은 신약성경 〈마태복음〉을 통해, 약자에게 한 것이 곧 내게 한 것이라 하시면서 이 세상의 약자들에 대한 마음을 우리에게 알려주셨다. 그러므로 주님의 마음이 머물러 계신 곳에 우리의 마음이 머무는 것이 당연하다. 주님께서 언제나 연민을 가지고 대하셨던 그들에게 우리 또한 관심 갖는 것이 주님의 제자 된 도리다.

나는 내가 의도하지 않았지만 지금 이 자리에 있다는 사실이 너무 감사하고 다행스럽다. 주님의 마음이 머물러 있는 나그네와 함께 있다는 자체만으로 주님의 마음이 내게도 머물러 있을 테니까.

내 남편이 간증이나 설교를 할 때 가끔 다음과 같이 고백한다.

"나는 다시 태어나도 목사가 될 것이요, 목사가 되어도 지금처럼 외국인과 소외된 이웃을 섬기는 목회를 하겠습니다."

하나님께서는 그런 남편의 고백을 통하여 새 일을 계획하시며 새 일을 행하고 계신다. 그래서 유해근 목사가 남이 하지 않는 새로운 목회를 하고, 남이 가지 않는 새로운 길을 걸어가도록 이끄셨다. 물론 새로 길을 내려면 몸에 상처도 입어야 하고 시행착오도 겪어야 한다. 하지만 넓은 문보다는 좁은 문으로 들어가길 권고하셨던 주님의 말씀대로 좁은 문으로 가는 길이 복된 길임을 알기에 끝까지 그 길을 가려 한다.

남편의 고백처럼 나 역시 다시 태어난다 해도 지금과 같은 목회자의 아내로, 장애를 가진 우리 아이의 엄마로 살 것이다. 내 삶에 새 일을 행하시는 하나님을 경험할 때마다 느끼는 벅찬 감동과 설렘을 계속 만끽하며 살고 싶기 때문이다.

너희의 죄가 주홍 같을지라도
 눈과 같이 희어질 것이요.
사 1:18

술래

신유정

나는 충청도에 사는 평범한 아줌마다. 꽃 피면 들로 산으로 나들이 가고, 더워지면 수박화채 만들어 먹고, 낙엽이 지면 밤 주우러 가고, 펑펑 눈이 오면 늦도록 눈사람을 만들고 아이처럼 숨바꼭질을 좋아하는 옆집 아줌마. 가진 것은 별로 없지만 자유롭고 행복하게 살아가는 대한민국 보통 아줌마다.

나는 서른이 될락 말락 할 때 노처녀 딱지를 뗐다. 나보다 다섯 살 많은 노총각을 만나 간신히 결혼에 골인한 것이다. 남편과 나는 서로 나이가 많아 은근히 2세 걱정이 됐다. 그러나 다행스럽게도 이듬해 아이를 가졌고, 뱃속의 아기는 10달 동안 아무 탈 없이 자랐다.

그리고 10달 뒤 산통이 와서 병원에 갔다. 진통이 시작되고 곧 20분마다 통증이 찾아왔다. 의사는 진통 시간이 5분, 3분으로 줄어들게 될 거라고 했다. 하지만 5분마다 계속되는 진통은 12시간이 지나도 좀처럼 줄어들지 않았고, 급기야 하루를 넘기고 다시 하루를 맞을 즈음 양수가 터졌는데도, 진통 시간은 줄지 않았다. 진통 시간이 줄어들기만을 기다리던 의사는 태아가 너무 지쳐 있어 위험하다고 했다. 오랜 진통으로 내 의식마저 희미해지자 병원에서는 응급수술에 들어갔다.

그리고 정신을 차렸을 때, 아기는 이미 신생아회복실에 보내졌고 나는 몸이 통통 부어 눈도 잘 떠지지 않은 채 병실에 누워 있었다. 의사는 응급이라서 제왕절개를 가로로 하지 못하고 세로로 했다고 설명했다. 아기는 뱃속에서 오랜 시간 돌고 돌아서 온몸이 붉게 열이 올라 있다고 했다. 다행히 보름쯤 지나자 아기는 건강해졌고 나 역시 회복되었다. 그리고 퇴원하는 날 의사는 우리 부부에게 말했다.

"첫애가 공주님인데 수술을 해서 어쩌죠? 제왕절개는 세 번까지 할 수 있지만 세로로 수술을 한 터라 여러 번 하게 되면 좋지 않으니 다음엔 꼭 아들을 가져봐요."

의사는 키도 작고 체구도 왜소한 내가 걱정이 되었던 모양이다. 가만히 듣던 남편은 빙그레 웃으며 말했다.

"아닙니다. 저희는 하나로 족합니다."

옆에서 나도 고개를 끄덕였다. 그러나 사람 일이 어디 말처럼 쉽던가. 첫아이가 막 젖을 뗄 무렵 둘째를 가지게 되었다. 첫애가 돌도 지나지 않아서 이제 막 발을 떼고 걸음마를 할까 말까 하는데 벌써 동생을 보게 돼 너무나 안쓰러웠다. 나 또한 생각해보니 감기약도 먹은 것 같고, 뛰다가 넘어진 적도 있는데 그런 건 괜찮은지 답답해지기 시작했다. 아니, 그보다 솔직히 두 아이를 키울 자신이 없었다. 아이를 둘이나 키운다는 건 한 번도 생각해보지 않은 일이었다.

남편과 나는 며칠을 두고 갈등했다. 그리고 고민 끝에 병원을 찾아갔다. 첫아이를 받아준 의사였다. 병원에서는 전에 먹었다는 감기약 성분을 체크하고 초음파로 현재 상태를 확인해주었다. 의사는 내가 먹은 약은 태아에게 크게 영향을 줄 만한 요소는 없다고 했다. 자궁에 착상도 잘 되어 안정적으로 자라고 있으니 안심하라고 덧붙였다. 그리고는 "요즘같이 각박한 세상에 형제는 있어야지요. 하나는 너무 외롭지 않을까요?"라고 말했다. 우리 부부는 의사의 설득에 넘어갔다.

그래서 딸아이는 17개월에 동생을 보게 되었다. 남동생이었다. 어린 누이는 제 동생을 신주단지처럼 아끼고 무척이나 귀여워했다. 저도 어린데 동생 보는 애틋함이 고마워 눈물이 났다. 아이들은 키와 몸무게가 서로 앞서거니 뒤서거니 하며 쌍둥이처럼 잘 자랐다. 연년생 남매를 키우는 일은 보통 일이 아니었다. 하나는 업고 하나는 안아서 배와 등은 땀띠가 가실 날이 없었다. 하지만 그런 건 자식 키우는 기쁨에 비할 바가 아니었다. 자식이 이런 건지 이제까지 보지 못한 세상을 보는 기분이었다. 세상 부러울 게 없었다.

무덤 속에 숨은 나

그로부터 10년이 흘렀다. 어느덧 큰아이는 2학년, 작은아이는 1학년이 되었다. 작은아이가 1월생이라서 조기 입학을 시킨 탓이다. 두 아이는 붙으면 싸우고 안 보이면 찾는 친구 같은 남매로 자랐다.

그러던 어느 날 속이 울렁거리며 자꾸 멀미가 날 것만 같았다. 순간 머릿속을 스쳐 지나가는 생각에 부랴부랴 약국으로 달려가 임신시약을 사온 뒤 화장실로 갔다. 아뿔싸, 이럴 수가! 임신이었다. 저녁에 집으로 돌아온 남편은 내 얘길 듣더니 너무 놀라 얼굴이 사색이 되었다. 나와 남편은 서로가 어떤 결론을 내릴지 잘 알고 있었다. 그날 우리는 더 이상 아무 말도 하지 않았다.

이튿날 아침 아이들을 학교에 보내고 외출 준비를 했다. 남편이 어두운 얼굴로 출근한 뒤였다. 내 발이 정류장에 닿자마자 곧바로 버스가 도착했다. 몇 번인지 보지도 않고 올라탔다. 그리고 얼마를 가다 벨을 누르고 버스에서 내려 후미진 골목을 찾아들었다. 낯선 골목 끝 구석에 오래된 산부인과 병원이 보였다. 망설임 없이 문을 열고 들어갔다. 이른 아침이라서인지 의사는 가운도 입지 않고 있었다. 나는 단 1초도 머뭇거리지 않고 내가 온 이유를 의사에게 말했다. 의사는 내 말에 뭐라 덧붙이지 않고 수술실로 들어가라고 했다. 그리고 얼마 뒤 나는 마취에서 깨어났다.

아, 눈을 뜨고서야 비로소 내가 한 일을 깨달았다. 내가 저지른 일이 어떤 짓인지 그제야 알게 되었다. 마치 무엇에 씌우기라도 한 듯, 일사천리로 일을 치르고서 아무 일 없다는 듯 앉아 있는 내가 다른 사람 같았다.

'이를… 이를… 이를 어째, 이를 어째….'

나는 그날부터 미친 여자로 살았다. 머리를 가슴에 박고 안으로 삼키며 울부짖는 내 소리. 내가 내는 소리는 사람의 소리가 아니었다. 나는 내게서 나오는 그런 울음을 처음 들었다. 울고 또 울어도 그 소리는 그치지 않았다. 밥을 먹다가 흐느끼고 텔레비전을 보다가 통곡하고 멀쩡히 길을 가다가 갑자기 괴성을 지르며 울부짖었다. 도대체가 괴롭고 고통스러워서 나를 통제할 수가 없었다. 내 죄를 놓을 수 없었다. 잊을 수도 버릴 수도 없었다. 다른 데를 보면 볼수록 더 나를 조여와 마치 지옥에서 사는 것 같았다. 가끔 잊은 듯했지만 그 시간은 아주 짧았고 꿈속이라고 다르지 않았다. 그 꿈을 꿀 때면 시커먼 보자기에 덮이는 기분이 들었다. 내 의지와 상관없이 저녁에 막 잠이 들려고 할 때 스르르 순식간에 들이닥쳤다. 그때마다 나는 가위에 눌려 외마디 소리를 지르며 깨어났다. 남편은 몸과 마음이 지쳐 그런 거라고 했다. 하지만 생각해보면 아주 오래전에도 이런 느낌을 받은 적이 있었던 것 같았다.

내가 초등학교 4학년 때 일이다. 다른 학교에서 부임하신 선생님이 우리 반 담임으로 오셨다. 얼굴이 까맣고 몸은 깡마른 남자 선생님이셨다. 선생님은 자신의 이름을 칠판에 쓰신 다음 우리에게 읽어보라고 하셨다. 그리고 나서 곧 지우개로 이름을 지우시더니 칠판에 그림 하나를 그리셨다. 칠판 왼쪽 끝에서 오른쪽으로 걸어가시면서 하얀 분필로 선을 길게 그으셨다. 칠판에는 기다란 줄이 그려졌고 그 줄 끝에 선생님은 둥근 반원을 그리셨다. 그리고 반원이 무덤이라고 하셨다. 다시 선생님은 칠판 왼쪽으로 걸어가셔서 작은 토끼가 콩콩 뛰어가는 모양의 뜀을 한 개씩 그리시며 말씀하셨다.

"우리가 하루를 산다는 것은 저 무덤으로 이렇게 하루씩 가까이 다가간다는 말이다."

나는 선생님이 하신 말씀이 무슨 뜻인지 알아듣지 못했다. 하지만 뭔가 좀 두렵고 묘한 충격 같은 것을 받았다. 한동안 그 그림이 머리에서 떠나지 않고 내 주위를 뱅뱅 맴돌았었다.

선생님은 한 학기도 마치지 못하고 우리 학교를 떠나셨다. 옆 반 선생님이 오셔서 우리 반 선생님이 먼 곳으로 여행을 가셨다고 했다. 선생님은 큰 병을 앓고 계셨던 것 같다. 늘 기침을 하셨고 기침이 심해지면 밖으로 뛰쳐나갔다가 한참 만에 돌아오셨기 때문이다.

내 꿈에서 선생님은 언제나 같은 그림을 그리셨다. 그림은 꾸물꾸물 살아 움직여 현실처럼 느껴졌다. 무덤이 도시에 있다. 그 안에 작은 사람이 누워 있다. 무덤에 하나둘 파릇한 풀이 돋고 제비꽃도 피어난다. 그 위로 가끔 팔랑팔랑 나비가 한 마리 날아와 앉는다. 멀리 사람들이 틈 없이 분주한 모습이 보인다. 무덤에 붉은 석양이 물들고 그 너머로 시간이 바람처럼 날아가고 고속열차처럼 빠르게 휙 지나간다. 가는 시간 속에 나무도 보이고 동물도 보인다. 아, 사람들도 보인다. 손을 뻗어보지만 너무 빨리 지나가서 아무것도 잡을 수 없다. 살아 있는 것이 다 떠나버린 도시는 점점 사막으로 변해간다. 다 사라진 사막엔 허물어진 무덤만 남았다. 아무도 살지 않는 황량한 모래사막, 모든 게 먼지가 되어 날아간 곳, 천 년, 억 년이 가도 다시는 아무것도 살지 못하는 곳, 생명이라곤 찾아볼 수 없는 그 사막에 오늘도 어제처럼 퀭한 모래 바람만 휘돈다. 그 어둔 사막에 나 혼자 살아 있다.

새봄이 가고 새해가 되어도 나는 달라지지 않았다. 가만히 일에 몰두해 있다가도 불현듯 돌변해 주변 사람들을 놀라게 했다. 저녁마다 달려드는 악몽은 나를 더 황폐한 사람으로 만들었다. 이런 나로 인해 가장 힘든 사람은 남편이었다. 시한폭탄처럼 언제 터질지 몰라 늘 불안해했다. 남편은 인내를 갖고 묵묵히 내 곁에 있었다. 그러던 남편이 나를 불러 세웠다. 소파에 누워 병원 다큐멘터리를 보다가 갑자기 껙껙대는 나를 일으켜 팔을 부러질 듯 잡고 흔들며 소리를 질러댔다.

"그래, 우리가 한 짓을 알아. 하지만 이런다고 달라지지 않잖아. 이제 그만 좀 해. 언제까지 이렇게 살 거야! 이제 그만 해. 제발 그만 좀 해. 제발, 제발!"

나도 그러고 싶었다. 누구보다 내가 더 그러고 싶었다. 세상 여자들 한 번쯤 겪는 일로 치부하고 아무렇지 않게 살아가고 싶었다. 나라고 언제까지 고통스럽게 살고 싶겠는가. 이 어둡고 무서운 늪에서 빠져나오고 싶기로 따지면 나만큼 간절한 사람이 어디 있겠는가. 하지만 이 무거운 쇳덩이 사슬을 무슨 수로 끊어낸다는 말인가. 아, 누가 나를 벌해주었으면, 누가 내게 매질이라도 해주어 죗값을 치를 수 있게 해준다면, 그래서 이 악몽에서 헤어날 수 있다면, 제발 그럴 수만 있다면….

하나님께 붙잡힌 삶

어느 날 7층에 사는 연우 엄마가 올라왔다. 연우는 마흔에 낳은 늦둥이로, 우리 아들과 같은 또래여서 그의 엄마와도 안면이 있었다. 연우 엄마는 이런저런 이야기를 나누다가 내게 카세

트테이프 하나를 건네며 한가할 때 들어보라고 했다. 나는 연우 엄마가 준 테이프가 어느 가수가 부른 노래인지 아니면 옛날이야기인지 궁금하지 않아서 싱크대 서랍에 던져두었다.

그리고 서너 달이 지났다. 아침부터 비가 내려 후텁지근하던 날 설거지를 하고 있었다. 물이 세게 틀어져 나와 이리 튀고 저리 튀어 싱크대가 물 범벅이 되었다. 나는 마른행주를 찾으려고 싱크대 서랍을 열었다. 행주를 잡으려고 더듬거리는 손에 행주 대신 단단한 게 들어왔다. 꺼내보니 몇달 전 연우 엄마가 주고 간 카세트테이프였다. 잘 보니 테이프는 노래도 동화도 아니었다. 그건 연우 엄마가 다니는 교회 목사님 설교 테이프였다.

'그러면 그렇지, 교회 집사라고 하더니 난 또 뭐라고….'

나는 테이프를 서랍에 다시 내던져버렸다. 그리고 마저 설거지를 하는데 이상하게 자꾸만 눈이 서랍으로 가면서 서랍 속 테이프가 궁금해졌다. 슬그머니 서랍을 다시 열고 테이프를 꺼낸 다음 아이들 방으로 갔다. 딸아이 방에 있는 녹음기에 테이프를 넣자 나이 지긋한 목사님 목소리가 흘러 나왔다. 나는 볼륨을 조금 올려놓고 주방으로 다시 와서 남은 설거지를 했다. 물소리와 그릇 부딪히는 소리가 뒤섞여 녹음기 소리가 들리다 말다 했다. 나는 설거지에 열중했다. 그때였다. 갑자기 어떤 말이 들려왔다. 수도에서 물이 쏟아지고 있었지만 그 소리는 선명하고 또렷했다.

"너희 죄가 주홍 같을지라도 눈과 같이 희어질 것이요 진홍같이 붉을지라도 양털같이 희어지리라."

순간 가슴에 뭔가 뜨거운 것이 끼얹어지는 느낌이 들었다. 그 찰나 주방 옆 베란다에서 무언가 "쿵" 하고 커다란 물건 떨어지는 소리가 났다. 나가 보니 선반에 얹어 둔 사기 냄비가 바닥에 있었다. 가로 세로 30cm도 넘는 넓은 사각 모양의 하얀 사기 냄비가 어떻게 떨어진 것일까. 냄비는 형체가 없었다. 누군가 망치로 잘게 부순 듯 가루가 되어 있었다. 눈처럼 하얀 사기 가루만 흩어져 있을 뿐이었다. 가루를 두 손으로 가득 모아 주웠다. 그 위로 내 눈물이 뚝 떨어졌다. 나는 알 수 있었다. 내 모든 것을 아는 그분이 나를 용서하셨다는 것을. 먹보다 검은 내 살인죄를 눈처럼 하얗게 만드셨다는 것을. 지금 누군가 내 곁에 있고, 그분은 바로 하나님이시라는 사실을….

나는 무릎을 꿇고 엎드려 눈물을 쏟았다. 내 소리는 그동안 괴물처럼 울부짖던 울음이 아니었다. 머리를 배에 묻고 가슴을 뜯으며 쏟아내던 그 거친 소리가 아니었다. 맑은 울음이 고요하게 퍼져 나왔다. 나는 웃으며 울고 있었다. 아니 울며 웃고 있었다. 내게 일어난 일에 감격해 눈물이 멈추지 않았다.

저녁에 퇴근한 남편이 돌아왔다. 남편에게 내게 벌어진 일을 말할 생각을 하니 흥분되었다. 남편이 내 말을 믿어줄지 어떨지 몰라 잠시 마음이 흔들렸다. 다 듣고 다른 소리를 하면 어쩌나 걱정도 됐다. 하지만 차분히 아침 일을 설명했다. 이야기를 마치고 내가 말했다.

"내 말이 믿어져?"

남편은 진지했다.

"음, 믿어져! 정말 신기해."

그날 밤 나는 악몽을 꾸지 않았다. 꼭 두 해만이다. 길을 가다가 울고 밥을 먹다가 소리치는 일 따위도 사라졌다. 내 어깨를 누르던 천 근 된 쇠사슬 뭉치가 사라져 날아갈 것 같았다. 더 놀라운 변화는 내 안에 가득 찬 평안이었다. 날마다 새롭게 차오르는 평안을 말로 다 표현할 수 없었다. 정말 신기했다. 남편도 이런 나를 보고 자못 놀라는 눈치였다.

며칠 뒤 연우네 벨을 눌렀다. 이번엔 내가 7층으로 내려간 것이다. 나는 그날 있었던 일을 연우 엄마에게 말했다. 내 말을 들은 연우 엄마는 눈물을 글썽이며 전에 교회에 나간 적이 있는지 물었다. 사실 난 중학교 때부터 결혼 전까지 교회를 다녔다. 한 달에 두어 번 교회는 나갔지만 그야말로 무늬만 기독교인 껍데기였다. 예수님이 믿어지거나 성경을 믿어본 적도 없다. 아니 이런 세계가 있으리라고 한 번도 생각해보지 못했다. 그런 무지한 내게 예수님이 찾아오신 것이다. 예수님이 오셔서 진홍같이 붉은 내 죄를 양털처럼 희게 하신 것이다. 내가 교회에 가고 싶다고 하자 연우 엄마는 내 손을 꼭 잡았다.

돌아온 주일 아침 우리 식구는 연우 엄마가 다니는 교회에서 하나님께 예배를 드렸다. 과거에는 일요일 아침 아이들을 데리고 산이나 놀이공원으로 나들이 갈 때, 교회로 향하는 사람들을 보면 참 답답했다. 일요일마저 교회에 갇혀 옴짝달싹 못하는 사람들이 정말 불쌍해 보였기 때문이다. 하지만 그건 오해였다. 큰 착각이었다. 주일에 교회에서 보내는 것보다 더 큰 자유가 없다는 걸 깨닫게 된 것이다. 예배시간보다 더 큰 쉼이 없다는 걸 알게 된 것이다. 요즘엔 주일에 산으로 들로 나들이 가는 사람들이 답답하다. 세상에 갇혀 옴짝달싹 못하는 그들이 불쌍해 견딜 수가 없다.

술래가 된 둘째 할아버지

그 무렵 우리 집에서 가까운 대학병원에 둘째 할아버지가 입원하셨다는 소식을 접했다. 우리 할아버지는 사형제인데 할아버지는 그중 맏이시다. 우리 할아버지는 7살 때 고만고만한 동생 셋을 데리고 지금 살고 있는 부여로 피난을 오셨다. 사형제는 그때부터 지금까지 한 마을에서 살고 계신다. 나는 유년시절을 할아버지 할머니와 함께 보냈다. 장남인 아빠가 결혼을 하여 나를 낳고 삼대가 모여 산 것이다. 나는 우리 할아버지뿐 아니라 나머지 세 분의 할아버지 사랑도 독차지하며 자랐다. 그 당시 어린 나에게는 고민이 하나 있었는데 '네 분의 할아버지를 어떻게 구분해서 불러야 할까?'였다. 그래서 결론지은 것이, 첫째인 우리 할아버지는 그냥 '할아버지'로 부르고, 나머지 세 분은 차례대로 '둘째 할아버지', '셋째 할아버지', '넷째 할아버지'로 이름을 정해 부르기로 한 것이다. 그 덕분에 덩달아 할머니들도 자연스레 '할머니', '둘째 할머니', '셋째 할머니', '넷째 할머니'가 되어버렸다. 할아버지 할머니들은 내가 부르는 호칭을 좋아하셨다. 언제 어디서고 내가 부르면 이름에 해당되는 분이 큰 소리로 대답을 해주셨다.

나는 할아버지 한 분 한 분의 성품을 잘 알고 있었다. 우리 할아버지는 과묵하고 근엄하시며, 둘째 할아버지는 섬세하고 부지런하시다. 셋째 할아버지는 키가 크고 아주 명필이시고 넷째 할아버지는 무척 세련되고 유식한 분이셨다. 둘째 할아버지는 부여에서 알아주는 부자였으며, 아침부터 저녁까지 한 틈도 손에서 일을 놓지 않으셨다. 동향집인 둘째 할아버지 집은 남향인 세 분 할아버지 집보다 가장 먼저 해가 떠올랐다. 둘째 할아버지는 그 해보다 먼저 일어나서 논에 나가셨다. 둘째 할아버지 논은 피나 잡풀 하나 없이 정갈했고 논둑은 질흙으로 풀 하나 안 보이게 단정하게 덮어놓아 멀리서도 둘째 할아버지 논을 금방 알아볼 수 있었다. 그런 우리 둘째 할아버지가 병원에 입원하셨단다. 평생 흙만 파신 둘째 할아버지가 위암이라니…. 그것도 말기라서 수술도 못하신다니 이를 어쩌면 좋단 말인가.

둘째 할아버지는 철저한 불교신자였다. 정기적으로 시주하는 절이 여덟 군데가 되고 절 사람들이 수시로 둘째 할아버지 집을 드나들었다. 몇 년 전부터는 뒤뜰에 우람한 밤나무를 다 베어내더니 어디서 가져왔는지 큰 바위들을 실어 나르기 시작하셨다. 봄, 여름, 가을엔 논밭 일을 하시고 겨울에만 진척된 이 일은 얼핏 보기에도 아주 큰일처럼 보였다. 어디서 가져왔는지 경운기보다 큰 바위를 위태위태하게 싣고 오셨다. 그 바위가 하나둘 옮겨져 지반이 되더니 바위보다 작은 돌을 사다 쌓기 시작하셨다. 뒤뜰 탱자 울타리를 걷고 텃밭까지 불거져나온 지반 위로 이듬해 겨울엔 자갈이 올라가고 돌이 올라갔다. 붉은 흙은 끝도 없이 올라갔다. 몇 년 뒤 둘째 할아버지 뒤뜰은 집보다 몇 배 높아져 커다란 언덕이 되었다. 그 산에 올라서면 바로 밑으로 둘째 할아버지 집안이 훤히 보이고 마을이 한눈에 내려다보였다. 둘째 할아버지는 노구의 몸으로 혼자서 7년에 걸쳐 이 산을 만드셨다.

산에 전나무를 심고 꽃을 심더니 마지막으로 크고 작은 돌부처 두 개가 올라갔다. 세워진 두 돌부처 가운데 가묘 하나가 만들어졌다. 둘째 할아버지가 말씀하셨다.

"이건 내 집이여. 여기서 내가 살아온 땅을 바라볼겨."

둘째 할아버지는 그 많은 세월을 피라미드를 만든 이집트의 왕처럼 자신의 무덤을 만드는 데 쏟았던 것이다.

내 걸음은 빨라졌다. 병원에 도착하자 가슴이 떨리기 시작했다. 심장 뛰는 소리가 밖에까지 들렸다. 병실 문을 열었다. 까맣게 쪼그라든 둘째 할아버지가 침대에 누워 가쁜 숨을 몰아쉬고 계셨다. 내가 둘째 할아버지에게 다가가 뼈만 남아 앙상한 손을 잡자 슬며시 눈을 뜨셨다. 그리고 힘겹게 입을 달싹이셨다.

"이게 뉘여, 여길 오떻게 온 겨?"

그날 나는 둘째 할아버지 앞에서 아무 말도 못하고 눈물만 쏟아내고 돌아왔다. 그리고 매일매일 둘째 할아버지께 갔다. 둘째 할아버지는 나를 무척 좋아하셨다. 아무것도 못 드시는 둘째 할아버지께 포도주스를 들고 가서 이건 포도로 담근 술이니 한 잔 드시라고 하면 껄껄 웃으며 목을 축이셨다.

나는 이제나 저제나 기회를 엿보았다. 둘째 할아버지께 남은 시간은 많지 않았다. 하루라도 아니 한 시간이라도 빨리 예수님을 전해드려야 한다는 생각에 입술이 바짝바짝 탔다. 나는 눈을 질끈 감았다.

"둘째 할아버지! 혹시 하나님 아세요?"

둘째 할아버지는 귀가 잘 안 들려 입 모양을 크게 벌리고 또박또박 몇 번을 말씀드려야 알아들으셨다.

"하나님? 잘 알지. 부처님이 하나님이여."

"그럼 혹시 하나님 아들은요?"

"에이, 부처가 아들이 워딨어. 그런 건 읍써."

그날은 거기까지 하고 돌아왔다. 다음 날 이번엔 예수님 이야기를 꺼냈다. 할아버지는 얼굴을 찡그리며 손사래를 치셨다. 그런 말 하려거든 오지 말라고도 하셨다. 맥이 탁 풀렸다. 그날 저녁 당숙이 전화를 했다. 둘째 할아버지의 큰아들이었다. 모 기관에 4급 기관장으로 있던 당숙은 난생처음 우리 집에 전화를 걸어, 병원에 자주 오지 말라는 당부를 했다. 그러면서 나에게 교회 다닌다는 말을 들었는데 혹시 전도사가 되었느냐고 물었다. 아니라고 했더니 당숙은 그런데 왜 병원에 와서 자꾸 엉뚱한 소리를 하느냐고 했다. 정말 절망적이었다.

 나는 다음 날 교회에 중보기도 신청을 했다. 그리고 어제와 같은 시간에 둘째 할아버지께 갔다. 당숙과 당고모들이 모두 와 있었다. 당숙과 당고모들은 나를 보고 모른 척 고개를 돌렸다. 그날은 둘째 할아버지께 아무 말도 못하고 무색하게 서 있다가 돌아왔다. 그리고 다음 날, 망설이는 마음으로 빼꼼히 문을 열자 둘째 할아버지는 나를 보시고는 돌아누우셨다. 그 다음 날도 마찬가지였다. 그리고 그 다음 날에는 병원에 가지 않았다. 그런데 마음이 불편해 견딜 수가 없었다. 둘째 할아버지가 나를 기다리실 것만 같아 앉아 있을 수가 없었다. 이튿날 아이들을 학교에 보내고 일찍 병원으로 갔다. 다행히 둘째 할아버지 혼자 계셨다. 그리고 나를 보고 활짝 웃으셨다.

"어제는 왜 안 온 겨?"

둘째 할아버지는 나를 기다리신 것이다. 할아버지는 나를 보고 가까이 와 앉으라고 손짓하셨다. 둘째 할아버지는 어제 있었던 일을 끊어질 듯 말 듯 쇠잔한 목소리로 이야기해주셨다.

"어제 내 댕기던 절 스님이 왔었어. 몸뗑이가 아퍼 죽겄다고 혔지. 그런디 암것도 못하는 겨. 내가 갖다 바친 공양이 얼만디…."

둘째 할아버지 눈은 젖어 있었다. 나는 할아버지께 말했다.

"둘째 할아버지, 죄송하지만 제가 할아버지를 위해서 기도해도 돼요?"

할아버지는 고개를 끄덕이셨다.

"근데 그게, 그러니까 그게 할아버지가 싫어하는 예수님 이름으로 할 건데…."

이번에도 할아버지는 가만히 고개를 끄덕이셨다.

나는 그날 처음으로 다른 사람 손을 잡고 기도를 했다. 예수님께 둘째 할아버지를 구원해달라고 매달렸다. 꺼져가는 불쌍한 우리 둘째 할아버지께 와달라고 애원했다. 둘째 할아버지는 소리 내 우셨다. 둘째 할아버지는 내일도 꼭 오라고 하셨다. 기다리겠다는 말도 덧붙이셨다. 다음 날 병실엔 당숙이 와 있었다. 나는 화들짝 놀라 뒷걸음질쳤다. 그런데 당숙이 바로 따라나왔다.

"아버지가 널 기다리셨다. 들어가 봐라."

둘째 할아버지는 어제보다 더 상태가 좋지 않으셨다. 고통스럽게 쉰 숨을 몰아쉬었다. 둘째 할아버지는 나를 한참 만에 알아보셨다. 나는 그날 용기를 내었다. 이제 시간이 별로 남아 있지 않았다. 오늘 안으로 둘째 할아버지가 예수님을 영접해야 한다는 생각이 들었다. 나는 병원 지하에 있는 교회로 달려갔다. 젊은 여자 전도사님이 막 들어서고 있었다. 자초지종을 말씀드린 뒤 전도사님을 모시고 병실로 갔다. 둘째 할아버지는 전도사님 가슴에 달린 이름표를 보고 같은 성씨라고 좋아하셨다. 전도사님은 둘째 할아버지께 예수님에 대해 말씀하셨다. 그리고 곧 영접기도를 시작했다. 둘째 할아버지는 순순히 전도사님을 따랐다. 할아버지는 전도사님 말이 안 들리셨는지 잘못 알아들어서 '예수님'을 '예분님'이라고 발음하셨다. 몇 번을 다시 말해도 소용이 없었다. 나는 병실 벽에 걸린 달력을 내려 뒤에다 '예수님'이라고 커다랗게 썼다. 할아버지는 그제야 고개를 끄덕이며 "예수님" 하고 말씀하셨다. 둘째 할아버지는 온 힘을 다해 전도사님을 따라 하셨다. 영접기도를 마친 뒤 둘째 할아버지는 당신이 죄인이라고 하셨다. 평생을 죄인으로 살았노라 흐느끼셨다.

다음 날 내가 병원을 찾았을 때 둘째 할아버지는 몰아쉬는 숨소리로 나직나직 찬송가를 부르고 계셨다. 깜짝 놀라서 찬송가를 어떻게 아시냐고 했더니 군대 시절 한 달 정도 교회에 다닌 적이 있었는데 그때 부른 찬송이 떠올랐다고 하셨다. 할아버지는 내게 말씀하셨다.

"신 중의 최고는 예수여!"

둘째 할아버지는 다음 날 천국으로 가셨다. 나는 하늘로 가시는 둘째 할아버지께 웃으며 손을 흔들었다.

인생은 숨바꼭질이 아닐까 한다. 나는 술래다. 숨은 분은 하나님이시고 그분을 찾는 것이 바로 인생이다. 숨바꼭질을 하다가 땅거미가 져 슬그머니 집으로 돌아가는 사람이 있다. 여기저기 헤매다 포기하고 자리에 주저앉은 사람이 있는가 하면 어떤 사람은 끝까지 달려가 찾아내고 만다. 하나님을 찾고 찾지 못하고는 순전히 나에게 달렸다. 천국은 있으면 좋고, 없으면 마는 곳이 아니다. 천국은 분명히 있고 이 땅에서 술래의 사명을 마친 사람만이 볼 수 있다. 하나님은 오늘도 술래를 기다리신다.

사람이 미련하므로 자기 길을 굽게 하고
　마음으로 여호와를 원망하느니라.
　잠 19:3

조선인민군 탈영병이 주님의 병사로

이옥

나는 1998년 3월 초 현역으로 탈영 탈북하여 중국에 3년 머문 뒤 한국으로 2001년 10월에 입국한 인민군 여군 하사다. 하나님은, 지난날 북한 평안북도 신의주 압록강각 ○○○-2671군부대 지휘본부에서 경비2분대장으로, 7년간 여군 하사로, 또 김일성, 김정일의 교시와 말씀들을 군인들과 장병들에게 보급하고 전달하는 우상의 선전선동원으로 복무했던 나를 일찍이 만세 전에 택하셨다. 그리고 하나님의 때가 됨에 이곳까지 인도하셨고 수많은 고통의 눈물도 있었지만 거듭남의 체험과 함께 지나온 아픈 상처들을 깨끗이 치유해주셨다.

지금은 김일성, 김정일을 찬양하던 우상의 악기(전 북한인민군 아코디언 연주자)마저도 하나님만을 찬양하는 복음의 악기로 멋지게 바뀌었다. 지금은 부족함 없는 주님의 사랑과 은혜의 바다에서 맘껏 배우며 주님이 예비하신 총신대학교 교회음악과에서(작곡 전공) 우수 성적자로 학부를 마치고 동 대학원 석사과정 3학기를 다니고 있는 부지런한 학생이기도 하다.

빨갱이의 딸로 태어나다

나는 모범 군인이었고 선전선동원으로 누구보다 열성 당원이었다. 그럼에도 불구하고 탈영까지 할 수밖에 없었던 아픈 사연이 있다. 당시 부모님은 나라의 후대 교육 사업에 일생을 바쳐오신 교육자(고등중학교 1급 교원)로서 후대들을 주체형 공산주의 혁명가, 김일성 정수분자로 키운다며 당과 수령에 너무나 충성한 북한 최고의 빨갱이였다. 그 고지식한 열성분자 사이에서 나는 셋째로 태어났다.

매일 아침 5시 40분경 잠자리에서 일어나면 제일 먼저 벽에 걸린 김일성, 김정일의 초상화 정성사업(초상화 먼지 닦는 행사)을 했고, 초상화를 정중히 모시고 나서 아침밥상을 받으면 온 식구가 초상화를 우러러 똑같은 말과 행동을 했다.

"경애하는 아버지 김일성 대원수님 고맙습니다! 친애하는 지도자 김정일 선생님 맛있게 먹겠습니다."

제창은 하루 세끼 집과 밖에서 늘 반복되는 일명 식사 기도와 같은 것이었다. 또한 어려서부터 집단성, 단결력을 키우기 위해 단 5분 거리라 할지라도 '당신이 없으면 우리도 없고, 당신이 없으면 조국도 없다'라는 대열가를 부르며 매일 학교에 입장했다.

수업 시간에도 김일성 부자의 사상교육 과목이 넘쳐났으며 수업이 끝나면 먼지가 코를 꽉 메우는 운동장에서 대열 행진 훈련을 했는데 이것은 사열행진 그 자체가 목적이 아닌 자유정신과 생각, 의지의 통제수단으로 김일성과 당에 대한 단 하나의 생각, 집단화와 하나 된 단결 의식이 주된 정치적 목적이었다.

어린 시절 토요일마다 학교에서 조직생활 총화를 통해 김일성 부자의 교시와 말씀을 놓고 한 주 동안 자신의 생활을 비추어가며 자아비판(오늘날 회개와 같은 것)도 엄청나게 했다.

나는 이 모든 것을 어린 시절부터 자연스럽게 받아들이며 살았기 때문에 왜, 무엇 때문에 해야 하는지를 단 한 번도 생각해본 적이 없다. 그것은 내가 태어나 자라면서 언니들과 부모님도 동일한 생활을 하는 것을 봐왔기 때문이다. 즉 사람 사는 방법이거나, 사람은 이렇게 살아야 한다고 받아들이고 일상생활로 굳혀져 왔기 때문이다. 이런 것이 진짜 세뇌가 아닐까?

지금 생각하기에도 김일성 부자는 조선 인민의 영원한 신이었고 절대자였으며 그의 운명이자 조국과 인민의 운명, 또한 나 자신과 일대일의 운명으로 직결되었다.

이렇게 우리에게 절대적 존재였던 김일성이 1994년 7월 8일 새벽 2시 급작스럽게 동맥경화와 심장 판막으로 북한 인민들 앞에 시체로 나타난 것이다. 이른 새벽부터 잠자던 인민들을 깨우는 놀라운 비보가 울렸다.

"방금 들어온 소식입니다! 우리 당과 우리 인민의 위대한 수령이시며, 조선 인민의 전설적 영웅이시며, 민족의 태양이신 위대한 수령 김일성 동지의 서거에 대하여…."

온 마을은 충격에 휩싸였다. 근간에 전기 사정이 심히 좋지 않아 먼지와 거미줄이 쓸도록 꽁꽁 닫혔던 조선중앙방송, 조선중앙3방송, 인민 무력부 방송이 몸살을 하며 방송원의 무거운 비보를 담아 온 마을에 요동을 쳤다. 그날 새벽 부대 정문 보초장으로 경비근무 수행 중이었던 나는 이 소식을 듣고 놀랐다기보다는, 잘못 들었거나 혹은 방송사고로 여기고 무심코 지나치려 했다.

그 순간, 직속상관인 중대장과 소대장 동지의 사모들이(내무반 옆에 사택들이 있음) 뜻밖의 소식에 기절초풍할 듯 맨발로 몸부림치며 군부대 정문을 향해 달려오는 것이었다. 그리고 부대 정문 앞 중앙에 서 있는 김일성 원형 동상에 달려가 넙죽 엎어지더니 눈물 콧물을 쏟으며 통곡하였다.

"수령님, 수령님! 저희를 두고 어디 가신단 말씀입니까. 안 됩니다. 안 됩니다. 가시면 안 됩니다. 수. 령. 니. 임!"

도저히 눈 뜨고도 믿을 수 없는 이 현실이 거짓이 아닌 사실이라는 것이 내 가슴 한복판에 콱 박히는 순간 "꺽!" 하고 가슴 통증과 함께 정신을 잃고 보초막에서 쓰러지고 말았다. 생각나는 단 한 가지는 '수령이 죽었으니 나도 이젠 끝장이야!'라는 세상이 다 끝난 듯한 숨 막히는 기분이었다.

내가 졸도한 사실은 아무것도 아니었다. 이곳저곳에서 김일성 사망 소식에 충격받은 충성스러운 열성분자들이 무더기로 심장판막과 고혈압 등으로 현장에서 즉사했거나 앓아눕기도 했다. 당 중앙은 죽은 본인이나 유족들에게 국기훈장 1급, 열사증들을 수여했으며 이외에도 수령의 죽음을 받아들이지 못하는 열성분자들이 불씨가 되어 집단 금식도 들어갔다.

나는 부끄럽게도 충성스러운 선전원이 수령 서거에 그만 졸도했다는 보고가 사령부까지 올라가 "당과 수령에 대한 티 없이 맑고 깨끗한 충성심의 최고 표본이었습니다. 최고사령관 김정일"이라고 적힌 친필 사인 표창까지 수만 명 군인들 앞에서 하달받게 되었다.

특히 김일성이 죽은 해는 태풍 매미가 전역을 휩쓸어 농경지가 침수되고 작물에 막대한 손실을 입었다. 동시에 인민들에게 공급되던 사회주의 식량 배급마저 끊기게 되었다. 그래서 김일성이 죽던 해인 1994년에서 1996년까지를 북한은 '고난의 행군시기'라고 선포했고, 이때 무려 300만 이상의 인민이 아사로 죽었다.

아사는 한순간에 끝나는 죽음이 아니었다. 정신은 멀쩡하지만 먹을 것이 없어서 온갖 몸부림을 치다가 남자는 15일 정도, 여자는 20~25일 정도 버티다 생을 마감했다.

이러한 상황은 나만은 살겠다는 원초적인 생존본능으로 가족, 사랑, 우애를 다 버리고, 부모가 자식을 몰라보고 자식이 부모를 나 몰라라 하며 서로 물어뜯어서 살아남는 약육강식의 야만 세상으로 만들어버렸다. 어느덧 "사람이 인육을 먹었대"라는 소문이 여기저기서 나돌기 시작했고 "소고기도 고기요, 돼지고기도 고기요, 사람고기도 고기요"라는 소름 끼치는 유행어도 생겨났다.

탈영의 길

그러던 어느 날 우리 부대로 한 통의 전화가 걸려왔다. 부모님이 사시는 구성시 리구 동사무소의 사무장 동지였다. 그때가 1992년에 입대(일반 보병은 10년 복무, 특수 병종은 13년 복무)하여 햇수로 7년을 맞이하던 1998년 2월 중순이었다.

16살 고등중학교 졸업장을 쥐자마자 급작스럽게 군사동원부에 뽑혀 입대하자, 어머니는 밥 한 그릇 해먹이지 못하고(배급 날 임박하여 쌀이 떨어져 보라색 감자를 삶아주었음) 먼 길을 떠나보낸다는 설움에 언덕 너머까지 따라나오시며 하염없이 "미안해 미안해" 하시며 눈물만 훔치셨다.

그리고 일 년에 단 한 번 설날 통화 때마다 "옥이야, 엄마가 손가락을 잘라서라도 밥 한 가마 마련하겠으니 떠날 때도 못 먹고 떠난 거 돌아와서라도 우리 식구 빙 둘러앉아 원 없이 배 터지게 한번 밥 먹어보자" 하시며 약속하시던 부모님이었다. 그런 부모님의 음성이 아직도 생생한데 이게 무슨 청천벽력 같은 소식인가.

부모님, 큰언니가 한 날 한 시에 아사(餓死)한 지 3박 4일이 되었는데 늦어도 오늘 오후 5시 전까지는 도착해서 가족을 확인해야 매장한다는 것이다. 나는 무슨 정신으로 현장까지 도착했는지 모르겠다. 그리고 공교롭게도 부모님 뵈러 갔던 영전의 현장이 나의 우발적인 탈영 현장이 돼버릴 줄이야….

더욱 충격적인 것은 당시 인민들이 무더기로 굶어 죽는다 할 때 굶주림이 뭔지도 모르고 국가가 주는 밥을 하루 세끼 먹고 산 사람은 나 같은 현역 군인밖에 없었다는 것이다. 지금도 죽물 세끼라도 굶지 않고 사람답게 먹고 사는 이는 군복 입은 군인밖에 없다. 최고사령관 김정일은 조선의 사회주의를 말살시키기 위한 미제국주의자들과 남조선 괴뢰도당의 반 사회주의적 압살정책과 경제고립 때문이라며, 우리가 앉아서 이렇게 당하지 말고 빨리 군부를 강화하여 무력, 기습, 남침을 통한 적화전략으로 통일을 하는 것만이 우리가 살길이라고 했다.

모든 것은 전쟁 하나만을 위한 군사강화로 선군정치, 군제일주의, 전쟁예비물자에 몰입하면서 인민들의 생명은 안중에도 없고 오직 군대와 전쟁만을 위해, 결국은 자기의 정권 유지를 위해 각국에서 보내준 현금과 식량들을 모두 군에만 투자하였다. 우리는 전쟁을 치르고도 2년을 지탱할 수 있는 식량과 생화학, 핵무기를 보유하고 있었으며 군대의 5%만 풀어도 인민들은 굶어 죽지 않는다고 한다.

내가 부대에서 강냉이밥을 먹으며 목에 낀다고 투덜댈 때 내 가족은 강냉이밥은 고사하고 죽물 한 그릇 구걸도 못한 채 굶어서 싸늘한 시체가 된 것이다. 그들의 고통조차 모르고 나 혼자 먹고 살았다는 것이 부끄러웠고 내가 그들을 다 굶겨 죽인 듯하여 죄의식과 미안함에 고개를 들 수가 없었다.

"엄마, 나 혼자 먹어서 미안해. 난 이런 줄도 몰랐어. 진짜야! 아버지, 내가 잘못했어!"

다 끝난 마당에 통곡하면 무슨 소용이 있으리오. 나는 난생처음 가슴 한복판에 대포알만 한 커다란 구멍이 펑 뚫린 듯한 고통을 느꼈다. 그러나 한 가지 결심했다. 결단코 부대로는 돌아가지 않겠다고. 내가 바보가 아닌 이상 부대로 돌아가 아무 일 없듯이, 낯빛 한 번 변하지 않고 세끼를 삼키며 경비근무를 수행할 수는 없었다.

북한군은 특히 개인보다 공동체 위주이기에 사적인 일로 얼굴색이라도 변하면 곧 조직의 사기를 망쳐놓는다고 질타당하고 조직 투쟁 당하기 때문이다. 차라리 안 돌아가고 원수 같은 그 밥 안 먹고 식구들 따라 죽는 게 낫다고 생각했다.

무책임한 당과 수령이 원망스러웠고 믿음에 대한 배신감과 속은 듯한 분통함에 차라리 죽으면 죽었지 다시는 이 짐승 같은 세상에서 복무할 수 없다는 사상적 반감이 일어났다. 이것은 결국 탈영의 길에 서게 했고 이래도 죽고 저래도 죽을 바엔 차라리 한 발짝이라도 걸을 수 있을 때 이 땅을 뜨고 보자며 도망치기 시작했다.

나의 목표는 중국 도문이었다. 그곳은 아버지의 고향으로(부유한 집에서 태어나 상해 음대를 졸업하고 1967년에 북한으로 감) 친가가 다 있었기 때문이다. 그래서 나는 하나밖에 없는 16살 남동생을 업고(영양실조로 7, 8살만큼 작았음) 무작정 천마산 산줄기를 타고 북쪽을 향했다. 탈영병이라 대중교통을 이용할 수 없었던 나는 붙잡힐까 봐 노심초사했고, 등에 업힌 동생에게 죽더라도 강냉이 한 이삭은 먹여야겠다는 일념으로 걷고 또 걸었다.

뻥 뚫린 하늘을 지붕 삼고, 시커먼 숲을 이불 삼아 자고, 다시 걷다가 벼랑에서 떨어지기를 수십 번. 강을 건너다가 기진맥진해 떠내려가기도 거듭하다 보니 쓰러지면 그 자리가 내 취침 장소요, 별이 총총한 새벽일지라도 정신만 차리면 곧 행군길이 이어졌다.

이를 악물고 죽더라도 동생에게 무엇이든 먹이고 죽으려고 발악을 하였다.

사실 준비한 여비 일 원도, 식량 한 알도 없이 정말 갈증과 현기증에 쓰러져 숨쉬기조차 버거워 세상 다 끝난 것 같았다. 오늘 이렇게 살아서 그때를 돌이켜보면 정말 보이지 않는 구원의 손길이었다. 뼈 하나 손톱 하나 상치 않게 보호하시며 나의 생명을 지켜주셨고 까마귀를 시켜 엘리야를 먹였듯이 산꼭대기에 젖줄 같은 샘물, 생명수도 보내주시며 시커멓게 뜬 강냉이일지라도 싣고 가는 '승리 58' 군대 차에서 나를 향해 흘려주신 사랑의 양식, 하나님의 생명의 손길이셨다.

18일 정도를 간신히 연명해 3월 초쯤 기적같이 두만강에 도착했다. 그러나 강 건너 보이는 풍요로운 중국 땅은 마음만 기뻤을 뿐 이미 내 건강 상태는 영양실조로 급속히 저하되어 손가락 하나 놀릴 힘조차 없었다. 등에 매달린 동생도 자꾸만 실신해 더욱 급한 마음으로 강에 뛰어들었다. 간신히 강을 건너고 나니 등에 매달렸던 동생마저 얼음장과 함께 어딘가 떠내려 보내고 나 혼자 덜렁 건넌 것이다. 정말 말이 18일이지 내 등에서 종일 업혀 있던 동생이라, 기분은 180일을 업고 온 느낌이었다.

그런데 동생을 잃고 나니 정작 너무나 허망하고 기가 막혀 결국엔 맥까지 풀려 그만 털썩 자리에 주저앉고 말았다.

"수복아, 수복아, 너 어디 있니? 이놈아, 대답 좀 해라! 누나 죽겠다!"

손나발을 하고 아무리 목이 터져라 불러도 적막한 새벽 두만강엔 얼음덩이만 둥둥 떠내려 갈 뿐 동생은 흔적조차 보이지 않았다. 죽더라도 머리통만 한 두부 한 모와 팔뚝만 한 옥수수 한 개는 먹고 죽겠다고 가냘픈 목구멍에 수없이 꼬르륵 군침만 삼키던 너무나 불쌍한 내 동생.

끝내 그렇게 그리워하던 것을 눈앞에 구경조차 못해보고 물속으로 사라진 야속한 수복아! 숨이 꺼지도록 격격 막혀오는 슬픔과 원망의 눈물만 꿀꺽꿀꺽 삼켜보지만 시뿌연 눈물 앞엔 하늘땅만 하나로 맞붙어 빙글빙글 돌아간다. 갑자기 나를 낳아준 부모님이 너무나 원망스럽고 죽도록 미웠다.

'왜 나를 이 세상에 낳으셨습니까? 도대체 무책임하게 낳기만 하면 답니까? 나를 왜 낳으셨습니까? 왜! 왜! 나 이제 어떻게 해? 수복아, 이놈아!'

다음 순간은 내게 없었다. 이다음은 생각조차 하기 싫었다. 심장이 뚝 멈춰버린 것만 같았다. 그냥 지금 이 순간 모든 것을 끝내고 죽는 것만이 최선의 선택이며 죽음만이 내 맘을 편하게 할 것 같았다.

'이렇게 살아서 뭐해? 죽자! 죽자!'

김이 나고 물이 뚝뚝 떨어지는 군복을 입은 채로 미친 듯이 떠내려온 강 주변을 메뚜기처럼 이리 뛰고 저리 뛰며 헤매다가 정신을 차렸을 땐 이미 나는 양팔에 링거를 꽂고 있었다. 내 의지와는 상관없이 한 조선족 가족이 나를 구출한 것이다.

그런데 나는 고마움은커녕 나를 살린 그들이 너무나 밉고 꼴 보기 싫었다. 그냥 죽게 내버려두지 왜 나를 살렸냐고, 당신들이 뭔데 내게 묻지도 않고 이런 짓을 하냐고 펄펄 뛰며 기회만 생기면 죽으려 했다. 먹으면 세 걸음도 못 가서 죽는다는 독한 쥐약도 먹어보고 이상하게 생긴 구역질 나는 농약도 들이마셨지만 엄청난 구토와 설사, 끊어질 듯한 배앓이로 몸만 종일 고통스러웠다. 위만 망가지고 어느 하나도 내 뜻대로 되지 않았다. 생명의 주관자는 하나님이신 줄을 나중에야 깨닫게 된 것이다.

남조선 괴뢰의 등장

나는 그들의 도움으로 도문시에 거주하고 있는 친척들을 찾았는데 너무 감사한 것이 모두 일반인과는 비교가 안 되는 부자였다. 나를 처음 본 친척들은 불쌍히 여겨 아코디언 학원을 차려주었다. 그리고 "인생이 다른 게 없다. 오직 돈을 많이 벌어라. 돈을 벌면 네 운명이 바뀌고 네 팔자가 달라진다"라고 격려의 말씀을 해주었다. 일단 부유층 자녀들부터 가르치며 학원을 운영하기 시작했다. 그러던 어느 날, 내가 운영하는 아코디언 학원에 북한 땅에서 교과서로만 배웠던 남조선 괴뢰라는 사람이 난생처음 나타났다.

"자매님, 안녕하십니까?"

"어매? 남조선 괴뢰 맞습니까? 긴데 왜 뿔따구가 없습네까?"

북조선에서 건너와 처음 보는 남조선 괴뢰는 교과서에서 그림으로 보며 배웠던 뿔 달린 괴물이 아니었고 너무나 사랑스럽고 곱게 생긴 남성분이셨다. 그분은 바로 모퉁이돌 선교회에서 사도 바울과 같이 동족에 대한 엄청난 사명을 받고 북한 선교를 위해 목숨 걸고 나오신 선교사님, 패트릭 목사님이셨다.

"자매님, 제 말 알아들으시겠죠?"

"아 ,네… 거저 거… 우리말하구 똑같습메다!"

"그래요? 우린 이렇게 말도 다 통하고 생김도 다 같은 한 민족 한 동포입니다. 이것을 김일성이가…."

목사님은 잠시 한 호흡 몰아쉬시더니 갑자기 그 곱던 얼굴이 벌겋게 달아오르고 열변을 토해가며 우리 수령님을 비방, 중상하기 시작했다. 하나 된 강토를 김일성이가 둘로 갈라놓았고, 김일성이가 먼저 3일 만에 부산 치고 들어오고, 어쩌고저쩌고….

갑자기 화가 치밀어올라 더는 들어줄 수가 없었다. 듣자 듣자하니 우리 수령님이 제 어깨동무도 아니고, 버릇없이 존함도 안 붙인데다가 말끝마다 반말로 사정없이 헐뜯는 것이 꼭 고급 정치범 감이었다.

"당장 걷어 치우라우! 내가 총 있다면 네 놈부터 쏴 갈기구 말가서! 거저 목 따구 아우지 탄광에 가봐야 알간! 썅!"

나는 적개심이 되살아나 침 튀기며 대드는데 그럴수록 목사님은 더욱 또박또박 그리고 간절히 내 눈을 똑바로 쳐다보며 정중히 이야기하는 것이다.

"자매님, 정신 차리십시오. 지난날에는 이 두 손에 총을 쥐고 김일성, 김정일을 위해 싸웠다면 이제는 이 두 손에 하나님의 성경

책을 쥐고 하나님을 위해 싸워야 할 거 아닙니까? 자매님은 사명만 바꿨을 뿐입니다. 지금 빨리 영접하십시오. 급합니다! 영접하는 자 곧 그 이름을 믿는 자들에게는 하나님의 자녀가 되는 권세를 주셨으니…."

그때부터 끝도 없는 성경구절들이 뿜어져 나오고 들어도 알 수 없는 이상한 언어들이 쏟아지는데 "주여! 나사렛 예수의 이름으로 명하노니 이 강퍅한 자매의 마음에 김정일 사단의 세력을 송두리째 뿌리 뽑아주시고 이 얼음장 같은 자매의 마음에 불 같은 성령의 손으로 녹여주옵소서. 녹을지어다. 오, 까다레스까라 스깔라라 왈라랄라라라 불로, 불로, 성령의 불로! 스왈랄라라…."

도저히 듣고도 알 수 없는 이 요상한 소리에 그만 소름이 돋고 혼이 쑥 빠질 것만 같았다. 정신병자임에 틀림없었다. 게다가 이는 남조선 괴뢰이고 또 기독교 예수쟁이여서 가차없이 '죽여야 산다'라는 2분법의 대남 적개심 교육을 받은 터라 이와 한자리에 함께 있을 수 없는 적대 적의 존재였다.

워낙 순하셔서 다시는 안 오겠다고 다짐하고 가신 그분이 이튿날 아침 일찍 해도 뜨기 전에 약속을 밥 말아 잡수시고 우리 집에 또 찾아왔다.

"딩동딩동!"

"자매님, 또 왔습니다."

"당장, 나가!"

그 이튿날 "자매님, 또 왔습니다."

"너 죽어볼래? 나가!"

절대 안 통했다. 또 그 이튿날.

"오호라! 내 말이 말 같지 않내? 너 살기 싫었그나? 살간 죽간?"

나의 그 어떤 것도 그분에게는 전혀 통하지 않았다. 정말 독종이었다. 그때부터 무려 다섯 달 내내 매일 찾아와서 똑같이 울며 하는 말 "우리는 다 죄인입니다. 그러나 이런 자매님 살리시려고 우리 예수님이 십자가에서 죽으셨습니다. 자매님 때문입니다." 정말 들을수록 어이없고 생 억지스러웠다.

"아이, 내가 왜 죄인이래? 나처럼 청렴하게 살아온 사람 나와 봐라 그래. 누가 나 때문에 죽으랬어? 죽구 싶으면 혼자 죽으라고 해! 난 관심없으니까."

다 싫고 억지스러웠는데 그중 거부 반응 없이 임했던 것은 음악 테이프 듣기였다. 목사님이 갖다 주신 것을 이것저것 닥치는 대로 듣던 중 18번이 생겼다.

바로 찬송가 〈얼마나 아프셨나〉인데 사실은 은혜받아서 부른 것이 아니라, 그 멜로디가 북한의 윤의상 작곡가를 모델로 한 어떤 북한 영화의 주제가와 매우 흡사해서 고국의 멜로디로 친근감을 가진 것이 18번이 되어버렸다.

그런데 하나님이 강퍅한 내게 이 찬송을 통해 하나님 만나게 하시고 다시 한 번 생사의 갈림길에서 나의 인생을 바꿔놓으셨다. 이 찬송가는 내게 기적의, 생명의 멜로디가 되었다.

독방에서의 고백

잊을 수 없는 4월 13일. 중무장한 경찰 3명이 대낮에 학원으로 와르르 떼지어 달려들었다.

"누구세요? 왜 그러세요?"

나는 깜짝 놀라 다급히 물어봤지만 경찰들은 막무가내로 험한 욕과 손찌검을 하고 족쇄를 채워 눈 깜짝할 사이에 끌고 갔다. 나는 '도문시 공안국'이라는 곳으로 강제 압송되었다. 심문을 받고 본즉, 나와 한 동네에 살고 있는 조선족들에 의해 밀고를 당한 것이다.

심문을 마치고 나를 독방에 가두며 병사가 하는 말이 "너는 내일 날이 밝아 오후 2시면 이 남양교두를 통해 북송된다. 각오해라." 드디어 올 것이 왔다. 나는 현직 탈영병이므로 이유야 어떻든 간에 북송만 되면 곧바로 군사재판에 넘겨질 것이다. 당과 수령, 조국과 인민에 대한 배반자, 민족 반역자로 낙인되어 수많은 동료 군인 앞에서 비난과 함께 사형당하게 되는 것은 물론 북조선 ○○○문서에도 영원히 도장 찍히게 된다.

처음에는 덜컥 했지만 나는 점차 담담해졌다. 생각해보니 지금 내가 붙잡혀 있는 이곳은 일단 북한 땅도 아닌 중국 도문 땅이었으며 여기에는 다른 사람도 아닌 나를 여전히 사랑해주시는 내 혈육들, 부자 친척들이 다 계셨기 때문이다. 적어도 내일 아침 9~10시 정도면 삼촌, 고모가 숨을 헐떡이며 나타날 것이 분명했다.

그러나 다음 날 아침 9~10시는 고사하고 점심시간이 됐음에도 삼촌, 고모는 물론 조카들까지도 내 앞에 나타나지 않았다. 순간 표현할 수 없는 충격과 배신감이 몰려왔다.

'와, 어떻게 나한테 이럴 수가 있어! 당신들이 남이야? 나 지금 이대로 가면 죽는 거 알잖아! 내 삼촌, 고모 맞아? 지금 뭐하는 짓이야? 내가 뭘 잘못했는데. 야, 이놈들아!'

하늘에서 돌덩이 떨어지듯 땅바닥 깊숙한 곳까지 끝없이 추락

하는 낙망과 허탈감, 이제 맞이할 죽음에 대한 공포와 두려움을 느꼈다.

'아니, 이대로 죽을 수 없어. 복수야 복수!'

아직도 감을 잡을 수 없는 남도 아닌 내 혈육들의 믿기지 않는 배신 행위에 용납이 안 되는 증오가 이글거렸다. '너 죽고 나 죽자!' 실성해서 미친 듯이 머리를 철문에 박으며 몸부림치는데, 양쪽 눈알이 통째로 빠질 듯한 아픔, 금방 폭발할 것만 같은 머리 통증이 느껴졌고, 내장까지 진동하며 메스꺼움이 "왝! 왝!" 치밀어 올랐다. 엎친 데 덮친 격으로 이마는 터지고 눈썹은 찢어져 뜨끈뜨끈하고 짭짤한 피가 줄줄 내 입술을 타고 들어왔다. 한순간 허탈해졌다.

'그래, 어차피 인생에 한 번은 죽는 거 남보다 조금 일찍 죽을 뿐이다.'

이제는 친척들을 미워해도 아무 소용이 없고, 가당찮은 위로에 육신의 기력만 점점 희미해져 가는데, 이제야 내 능력, 내 의지, 내 힘으론 아무것도 할 수 없음을 깨달아 통절했다.

얼마나 지났을까? 쓰러진 나에게 드디어 기적 같은 일이 일어났다. 몸과 마음이 탈진하여 지쳐서 포기하고 쓰러진 내 귓가에 조용히 맴도는 한 멜로디. '얼마나 아프셨나 못 박힌 그 손과 발….' 너무도 익숙한 나의 18번 멜로디, 바로 그 멜로디가 점점 생생히 그리고 또박또박 가사까지 기억나며 귓가에 들리는 것이 아니겠는가. 더욱 놀라운 것은 내가 무심코 기억하고 있는 만큼의 가사가 자꾸 반복되는데 그동안 내내 들었던 익숙한 것임에도 불구하고 오늘은 웬일인지 전혀 새롭게만 느껴졌다.

'얼마나 아프셨나 못 박힌 그 손과 발 죄 없이 십자가에 매달리신 예수님….'

한순간 가사가 그 속의 모든 고통과 수난의 상황을 내 눈에 보여주고 들려주듯이 현실처럼 마음에 마구 다가왔다.

"어머나! 놀라워요."

다섯 달 동안 눈물로 복음 전하시던 목사님의 떨리는 목소리도 들렸다.

"자매님, 제발 아멘 한 번만 좀 따라해주세요. 우리 예수님이 옆구리를 창으로 찔리시고 피를 토하시며 자매님 때문에 죽으셨습니다."

평소에 그렇게 무시했던 목사님의 그 한 마디 한 마디가 오늘은 내 가슴에 비수가 되어 한 뜸, 한 뜸 찌르니 너무나 저리고 아팠다.

목사님이 매일 틀어주시던 예수님의 십자가 고난 비디오 장면들도 마구 떠올랐다. 유대군인들의 너털대는 비웃음 소리, 그 속에서 살과 피가 터지도록 채찍질 당하시는 신음과 날카로운 채찍 소리, 망치 소리도. 반복되는 가사 '못 박힌 그 손과 발' 부분에서 드디어 예수님 팔목에 박힌 녹슨 대못이 내 팔목을 향해 "쾅!" 하고 박혔다. "아악!" 나는 엄청난 고통에 팔목을 붙들며 쓰러졌는데 송명희 시인이 간증하시던 못 박힌 예수님 팔목에서 흘러내리는 하얀 뼈 진액이 내 팔목에서도 보이는 것 같아 온몸이 시들어 일어설 수조차 없었다. 등도 아프고 살도 찢겼다.

이미 독방에는 두려움, 복수, 미움 따위는 다 사라지고 오직 고난 겪으신 예수님의 신음과 십자가의 피 흘림만이 구석구석까지 꽉 찼다. 더 놀라운 것은 또 다른 존재가 이 감방 안에서 나와 함께하고 있음을 느낀 것이었다.

그때 말로 형용할 수 없는 크나큰 기쁨과 감격, 이 모든 것을 압도하는 강력한 위로와 평안이 온몸을 전율하며 점차 알 수 없는 격동 상태로, 뭔가 터질 듯한 폭발 상태로 치솟았다. 끝내는 떠오르는 한 모습 앞에 오열을 터뜨리고 말았는데, 그 모습은 먼저 가신 부모님도 아니었고 친척들도 아니었다. 바로 "자매님, 제발 아멘 한 번만 좀 따라해주세요. 오늘은 영접기도 딱 한 번만 부탁합시다" 하시던 목사님의 눈물 가득 고인 얼굴이 떠올랐다.

'목사님, 보고 싶어요! 제가 잘못했어요.'

나는 그때야 처음으로 내가 그렇게 핍박했던 목사님과 그분이 전하시던 예수님이 내겐 가족 그 이상으로 가장 진실하고 소중한 존재였음을 깨달았다. 그리고 비로소 얼마나 그립고 다시 보고 싶던지.

나를 살려달라는 것이 아니다. 지난날 내가 목사님이 이렇게 귀한 분인 줄을 몰라서, 정말 무식하여서 그런 미친 짓들을 했으니 제발 나를 용서해주시라고, 정말 잘못하였노라고 나의 죄를 고백하고 싶은 감당할 수 없는 후회와 자백의 마음이 소나기처럼 쏟아졌다.

그때 놀랍게도 내가 갇힌 독방 왼쪽 구석, 거미줄 드리운 초라한 감방에 가사 속의 예수님, 목사님이 전하시던 동일한 예수님의 핏자국이 번쩍 나타났다. 눈을 뜨면 없어지고 눈 감으면 손 끝에 만져질 것만 같았다. 붉고 선명한 심장이 벌떡대는 것이 함께 느껴져 숨이 가쁘고 심장이 멎어버릴 것만 같았다.

그런데 이럴 수가! 수백 번을 들으며 단 한 번도 불러보지 않았던 '예수님'이란 석 자를 드디어 내 입으로 또박또박 불러대며 살려달라고 미친 듯이 돌변한 내 모습을 발견했다.

"예수님, 예수님! 나 살려주세요. 나 안 죽을래요. 예수님이 살려주시면 이제부터 예수님 믿고 시키는 대로 다 할게요. 죽기 싫어요! 살래요."

나를 살리실 분은 예수님밖에 없음을 깨닫는 순간, 짧지만 마력을 다해 부르짖었는지 목이 불 붙은 듯 뜨끔거리고 줄기침마다 피가래가 섞여 나왔다. 그리고 매일 목사님에게 반복해 듣던 그 메시지 "자매님, 우리는 다 죄인입니다"라는 음성이 너무나 분명하게 들려왔다. 그런데 오늘은 목사님의 음성이 아닌 예수님의 음성이란 확신에 가슴이 터질 것만 같았다.

"옥아, 너는 죄인이다. 너는 죄인이다!"

"맞습니다, 예수님! 저는 죄인입니다. 제가 다 고치면 되지 않갔습니까? 제발, 죽지 마시라요. 제가 다 고백할게 아프지 마시라요. 제가 다 잘못했습니다!"

1초라도 더 빨리 내 잘못을 고백하는 것만이 예수님의 아픔과 고통을 멈추게 할 것만 같아 미친 듯이 다급히 죄를 고백하기 시작했다.

정말 하나님의 놀라운 은혜로 부족한 내게 회개의 영을 부어주셔서 고백하는 것마다 내 잘못을 뼈저리게 뉘우치고 통회하며 눈물로 뜨겁게 회개하게 하셨다.

무엇보다 목사님에게 잘못했던 나의 모든 어리석음을 제일 먼저 뉘우치고 고백하게 하셨다. 정말이지 고백은커녕 내 죄 보따리를 통째로 끌어안고 차라리 자결하고 싶을 정도로 얼마나 가슴을 치며 통곡을 했는지 모른다.

하나님은 이것뿐만 아니라 모든 것이 내 덕이고, 내 지혜고, 내 힘, 내 능력이라고 생각했던 것들과 어린 시절에 기억조차 없었던 사소한 것들까지도 낱낱이 기억나게 하시며 평소 손톱만큼도 여기지 않았던 것을 눈덩이처럼 커 보이게 하셨다. 북받치는 오열로 온몸을 전율하며 회개하는 와중 난생처음으로 감방 안에서 주님께서 주시는 방언의 은사까지 선물로 받았다.

2시가 되어 나와 함께 3명이 북송되었는데 기적이 일어났다. 북한을 향해 트럭이 질주하며 정지 신호를 보냈다.

"떵이훨, 떵이훨! 팅라, 팅라(잠깐만, 세워라)!"

연락병이 헐떡이며 달려왔다.

"너네 먼저 가라. 저 애는 잠시 한 시간 후에 다시 따라간대."

그리고 나를 다시 국장 동지 방으로 데리고 갔다. 그런데 하나님은 나를 재심문하는 국장 동지의 눈에 나의 생김과 나이마저도 당신의 친딸과 똑같아 보이게 만드셔서 나를 뚫어지게 보던 국장 동지가 흥분하면서 말했다.

"이게 무슨 일이냐? 내가 너를 보니 어쩜 이렇게 내 ○○와 똑같냐? 몇 살이냐?"

"22살요."

"이런, 나이도 똑같아."

국장 동지는 나를 덥석 끌어안고 어깨를 들썩이며 막 눈물을 흘렸다.

"네가 어쩌다 이런 일을 당했냐? 아빠는 가슴 아파 죽겠다. 죽겠다!"

국장 동지는 자기의 가슴을 소리 나도록 "쾅! 쾅!" 두드리는 것이었다. 정말 꿈만 같았다. 그의 마음을 하나님이 감동시켜주신 것이다. 정말 〈사도행전〉에 나오는 베드로가 천사의 손목에 이끌리어 탈옥하는 모습을 똑같이 재현시켜주셨다.

그 밤, 경찰들이 다 퇴근한 후 국장 동지는 직접 감방 문을 열고 들어와 내 발과 손에 묶였던 족쇄를 풀고 복도와 보초막을 통과해서 우리 선교사님과 기적같이 연결시켜주었다. 그래서 도문에서 연길까지 성공적인 탈옥을 할 수 있었다.

마라나타를 외치는 그날까지

내가 도착한 곳은 옌지 뚱스창이라는 어느 골목 7층 아파트였다. 그곳은 나 같은 탈북인들을 교육시키는 '북한 훈련 센터'였다. 그곳으로 문을 열고 들어가는 순간 익숙한 목소리가 귓가에 들려왔다.

"누나, 누나!"

이게 웬일인가? 죽은 줄만 알았던 동생이 너무나 달라진 모습으로 살아서 나를 맞아주는 것이 아닌가!

"누나, 누나와 나는 하나님이 살려주셨어! 엉엉…."

아니 글쎄, 두만강에서 떠내려갔던 동생이 두만강 삼가자라는 하류 지역에서 한 조선족 벌목공을 통해 뗏목과 함께 건져져 구출된 것이다. 그리고 당시 사장으로 계셨던 목사님에게 안기게 됐고 나보다 먼저 예수님을 영접하고 나보다 먼저 은혜 체험을 하며 나를 만나는 순간까지 머리칼, 손톱 하나 상하지 않고 만나게 해달라고 울면서 아침마다 금식기도했다는 것이다.

"할렐루야! 저를 살리시고 동생을 살리신 기적의 하나님을 찬양합니다! 저 땅에서 죽게 내버려두지 아니하시고 부족한 자를 선택하여 뽑아주신 은혜에 감사합니다. 이 모든 것을 제가 만난 하나님이 계획하시고 행하셨습니다."

눈물을 흘리며 씨를 뿌리는 자는 기쁨으로 단을 거두리로다. 다섯 달 동안 뿌려진 진실한 선교사님의 눈물의 씨앗으로 나는 결국 하나님의 시간표에 맞추어 주님 앞에 돌아오게 되었다.

그리고 북한의 복음통일 사역을 위해 나를 쓰시고자 부르신 줄 믿고 지금은 이렇게 주님의 인도하심을 따라 주님의 종으로 쓰임 받고자 열심히 총신대학원에서 학업 중이다.

오늘 이렇게 나의 정신력과 체력까지도 이미 이날을 위해 저 북한 땅에서 미리 준비시키시며 1초도 버리지 아니하신 여호와 이레의 나날들이었음을 고백한다.

하나님은 인격적인 만남과 함께 내게 새로운 작곡의 달란트를 주셨다. 북한 땅의 우상의 찬양들을 제거하고 오직 하나님의 새 땅과 새 하늘만을 찬양하라고 내게 주신 줄 믿는다. 언젠가 돌아갈 저 땅에 내 생명이 다하는 순간까지 사도 바울과 같이 내 동족의 무거운 십자가를 지고 주님의 능력과 도우심으로 억세게 사명

감당하길 원한다.

내일은 남북이 하나 되어 어깨 걸고 감격하며 만수대 언덕에서 여기 청계광장까지 '마라나타'를 목청껏 찬양하자.

육신의 생각은 사망이요
　　영의 생각은 생명과 평안이니라.
　롬 8:6

어제의 낡은 옷을 벗고

장은하

무척 당황하셨죠? 처음엔 귀를 의심하고, 뭔가 잘못 듣지 않았을까 생각하셨죠? 저도 그랬습니다. 어제까지도 멀쩡하게(실은 속에서 큰 병이 커가고 있었겠지만) 지냈는데 이게 웬 날벼락인가 싶었지요. 그렇지만 놀라지 마세요. 침착하셔야 합니다. 왜냐하면 이제부터 새롭게 다시 살아갈 기회를 얻었기 때문입니다.

지극히 작은 자보다 더 작은 나에게

저는 5년 전 어느 날 우연히 건강검진을 받았습니다. 변비가 일주일 넘게 지속되어 아무래도 과민성 대장증후군이려니

스스로 진단하고 약이나 먹어볼까 병원에 갔습니다. 그리고 의사 선생님이 병원 온 김에 검사를 권하기에 가벼운 마음으로 내시경을 찍었지요. 수면내시경은 약을 미리 먹고 가수면 상태에서 검사를 진행하는데, 보통 1시간 남짓 걸린다고 했어요. 몽롱한 의식 때문에 제가 무슨 행동을 했는지 기억나지 않았지만, 화장실을 왔다 갔다 하기도 했고, 하혈을 해서 환자복을 다시 갈아입기도 한 것 같았습니다. 정신을 차리고 결과를 들으려고 의사선생님이 부르기만을 기다렸는데, 남편은 자기가 다 들었으니 집에 가자고 했습니다. 시간을 보니 검사실에 들어간 오전이 훨씬 지나 오후 4시가 넘어 있었습니다. 전 참 둔한 것 같아요. 이상하다 생각했지만 대수롭지 않게 여기며, 가자는 남편의 말에 군말 없이 병원을 나왔습니다.

그런데 제가 '직장암3기'라는 사실을 그 후 3일 뒤에 알게 되었습니다. 그것도 남편이 아닌 교회 부목사님을 통해서 말이죠. 목사님은 군목으로 복무 중 위암 수술을 하셨습니다. 그리고 통상적으로 사람들이 알고 있는 대로 5년이라는 시간이 흘러 이제는 '암에서 해방'됐다고 생각할 만큼 건강하게 살고 계셨습니다. 목사님의 설교에는 고통을 통과한 사람의 깊은 묵상이 엿보여 눈물이 나

기도, 은혜로 가슴이 벅차오르기도 했죠. 가끔 목사님, 사모님과 함께 식사하며 이야기를 나누었는데, 그날은 늦은 시간에 연락이 왔습니다. 평상시에 그렇게도 밝고 재미있던 남편은 과묵하기만 했고, 오히려 조용하셨던 목사님께서는 자신이 자라온 성장 스토리를 들려주셨습니다. 느닷없이 목사님의 간증을 듣게 된 것이지요. 간증은 그분의 삶에 실제적으로 역사하신 하나님께서 제 삶에도 새로운 일을 행하시리란 기대를 갖게 했습니다.

그런데 알고 보니 우리 만남에 이유가 있었던 거죠. 빨리 큰 병원으로 가보라는 의사선생님의 권유에 놀라 3일 동안 잠을 못자고 고민하던 남편이 도무지 저에게 그 병을 말할 자신이 없어서 서울에서 열리는 목회자 세미나에 참석한 목사님을 붙잡고 늘어졌다고 합니다. 반드시 오셔야 한다고, 그리고 대신 이 소식을 아내에게 잘 말해달라고 부탁했던 거예요.

직장암! 짧은 세 글자가 제 마음을 온통 헤집어 놓았습니다. 집에 어떻게 돌아왔는지 생각나지 않았습니다. 거리에 핀 진달래도 보이지 않았습니다. 머릿속이 하얗게 백지가 된 것 같고, 오히려 캄캄한 어둠 속에 잠긴 것 같기도 했습니다. 어떤 특정한 사람에게만 일어나는 사건인 줄 알았는데 평범한 저에게 이런 대형 사건이 터질 줄이야, 미처 몰랐습니다. 그 밤에 저는 큰 시름을 앓았습니다. 갑자기 변비가 생긴 것도, 1년 동안 운동을 했어도 빠지지 않던 살이 급격히 빠져서 이제야 운동효과를 보나 했던 것도, 만사가 귀찮고 의욕이 뚝 떨어졌던 것도 우연이 아니었던 겁니다. 강한 의지력으로 버텨온 삶인데 갑자기 힘이 쭉 빠지며 손 하나 까딱할 수 없을 것 같았습니다.

제 인생을 책임지시는 하나님께 반드시 여쭤봐야 할 순간이 온 것입니다. 비극적인 드라마의 주인공들이 심심찮게 '암'에 걸리는 것을 봅니다. 죽을 만큼 고통스러워하고, 통증 때문에 가슴을 부여잡는 영상이 떠올랐습니다. 암은 곧 죽음을 연상시켰습니다. 저는 울부짖으며 아직 젊고(38살) 아이들도 어린데 왜 하필 저에게 이런 말도 안 되는 일이 터졌냐고 따졌습니다. 수용하기가 힘들고, 인정하기가 어려웠습니다. 하나님께서 하나하나 설명해주시고, 풀어주셔야만 했습니다. 놀라운 것은 하나님이 기다렸다는 듯 말씀하시기 시작한 것입니다. 아니 제게 먼저 말씀하시려고 진작 곁에 계셨는데 제가 귀를 닫고 제 말만 쏟아놓느라 깨닫지 못한 것입니다. 그저 울 수밖에 없어 몸부림치던 제가 잠잠해지니 더욱 명확한 음성이 들려왔습니다.

에베소서 3장 8절 말씀이 선명하게 보였죠. 저는 일어나 성경을 가져다 펴 보았습니다.

> 모든 성도 중에 지극히 작은 자보다 더 작은 나에게 이 은혜를 주신 것은 측량할 수 없는 그리스도의 풍성함을 이방인에게 전하게 하시고.

하나님께서 말씀을 보내 고치시고 위경에서 건지신다고 약속하셨습니다(시 107:20). 그 말씀을 암송하던 저는 반드시 지금 이 순간에 필요한 말씀을 보내주시리라 믿었죠. 그런데 다소 실망하지 않을 수 없었습니다. 차라리 '용기를 가져라', '두려워 마라'는 메시지나 '넌 반드시 낫는다'는 구절을 주실 것이지 이게 저에게 무슨 필요한 말씀이라는 건지 알 수가 없었습니다. 이것이 하나님으로부터 온 말씀인지 아닌지 기운이 빠졌지만, 지금 붙잡을 말씀은 이것뿐이었습니다. 그래서 생각하고 읽고 또 읽으며 묵상하자 성령께서 친히 은혜를 주시기 시작했습니다. 저는 저의 무지를 깨우치기 시작했습니다. 그 밤의 묵상을 저는 이렇게 적용했습니다.

나는 누구인가? 나는 성도, 거룩한 하나님의 백성입니다. 그 당시 저는 다람쥐 쳇바퀴 돌듯 반복되는 일상에서 시들시들한 믿음으로 맥 빠진 삶을 살았습니다. 기쁨이 없고 근심만 가득했죠. 왜냐하면 경제적인 어려움이 수년간 계속되었고, 마치 밑 빠진 독에 물을 붓듯이 희망 없는 삶을 살고 있었습니다. 하나님을 알지만, 영육이 지쳐 있었던 것입니다. 그런데 하나님의 자녀이면서도 그 신분답게 살아가지 못하고 일꾼처럼 고된 삶을 살아가는 제가 바로 '성도'라는 사실을 깨우쳐주신 것입니다. '성도'라는 단어가 제 마음을 파고들어 왔죠.

"은하야! 너는 내 사랑하는 딸이다. 너는 거룩한 자다!"

'그렇지! 나는 성도였구나. 신자였구나. 나는 '나'를 잊어버리고 도대체 무엇으로 살아온 것인가?'

새삼 과거의 시간들이 스쳐 지나갔습니다. 교회를 다녔지만 성도의 삶을 살지 못한 제가 부끄러웠고, 그럼에도 저를 잊어버리고 제쳐두지 않으신 하나님의 사랑이 다가오기 시작했습니다.

그렇다면 나는 모든 성도 중에서 어떤 자인가? '지극히 작은 자보다 더 작은' 존재랍니다. 아니, 그래도 이만하면 괜찮은 성도가 아니었나? 예배에 성실하게 참석하고, 게다가 주일학교 교사로 봉사도 하는데. 제 생각에는 수긍할 수 없는 구절이었지요. 지극히 작은 자까지는 모르겠지만 거기서 끝이 아니었죠. 지극히 작은 자, 그 사람보다 오히려 더 작은 자라고 밝혀주십니다. 사실 저는 누구에게도 피해를 끼치지 않고 살았다고 자부했습니다. 겉으로는 굉장히 겸손한 것처럼 보였을 테지만 실은 그것을 저의 의로 생각하여 높아져 있었던 것입니다. 하나님께서 저의 실상을 드러내주신 것입니다.

"하나님, 그렇습니다. 저는 이렇게 인생 중에서 작은 점 하나에 지나지 않는 존재입니다. 그래도 뭘 좀 안다는 교만에 눈이 어두워 미처 깨닫지 못했을 뿐입니다. 이제라도 가르쳐주셔서 감사합니다."

이렇게 제 자신을 파악하고 나니 '암'이라는 결론을 두 손에 받아든 제 처지가 다르게 보이기 시작했습니다. 무엇을 심으며 살았는지 돌아보니 이런 열매를 맺게 된 이유가 분명하게 떠오르기 시작했죠. 다시 눈물이 터져 나왔습니다. '암'이라는 사실이 속상해서, 원통해서, 믿을 수가 없어서 흘리는 눈물이 아니었죠. 삶의 짐을 혼자서 다 해결할 수 있으리라 굳게 믿으며 절대 다른 도움은 필요 없다던 꼿꼿한 태도가 무너져버린 것이었습니다. 하나님께서는 맡기라고 하셨음에도 저는 결코 그렇게 하지 못하고 제가 짊

어지려고만 했으니. 작은 자가 아니라 큰 자로, 높은 자로 살아왔던 것입니다. 모든 문제의 해결이 하나님의 손에 있음을 믿을 수 없었는지 모릅니다. 아, 저는 그렇게 하나님을 가볍게 여기며, 하나님의 권능의 손보다 제 주먹을 의지하고 살아왔으니. 회개의 눈물이 터지지 않았겠어요?

또한 하나님께서 저에게 은혜를 주셨다고 합니다. '은혜'란 단어가 특별히 가슴에 와 닿았던 적은 이때가 처음입니다.

"너에게 은혜를 주었다. 은혜를 주었다."

저는 깜짝 놀랐어요. 암 선고를 받은 날에 무슨 어울리지 않는 단어인가요? 직장암이 매우 심각한 상태여서 빨리 수술해야 하는 지경에 놓여 '은혜'를 수용할 수가 있겠어요? 저는 얼떨떨했지만, 찬찬히 생각해보았습니다.

"하나님, 암이 은혜로군요. 왜 그런가요? 저는 심판처럼 느껴지는데, 은혜라고 하신 이유가 뭔가요?"

낯설기만 한 암이 상상할 수 없을 만큼 저를 당황스럽게 했음에도 '은혜'라는 구절은 제게 큰 안도감을 주었습니다. 늦었는지 모르지만 지금이라도 저의 생활태도와 믿음 상태를 돌아보게 하시니 분명 은혜였던 겁니다. 멈춰 서지 못하고 내달리기만 하던 제 인생에 빨간 등이 켜졌죠. 암 때문에 브레이크가 걸린 것입니다. 이제야 안전한 인생으로 바뀔 수 있게 된 것입니다. 암이 아니었다면 계속해서 과열된 상태로 인생을 몰고 갔을 것입니다. 그러니 암은 곧 사랑하는 저에게 주시는 은혜의 선물이 아니고 무엇이겠습니까? 비로소 감사가 나왔습니다.

그렇다면 왜 은혜를 주셨을까요? 사랑하시기 때문입니다. 남이 아니라 자식이기 때문이죠. 도무지 그냥 내버려둘 수가 없기 때문입니다. 자식의 문제에 온갖 방법을 다 동원해서라도 해결해주려고 애를 쓰는 것이 부모입니다. 하나님께서도 제게 이런 속 끓는 애정을 가지고 계신 게 분명해졌습니다. 암은 표면적으로 결코 좋은 선물이 아닌 게 분명한데 이것이 은혜임을 저는 가슴 깊이 받아들이기 시작했습니다. 사랑하기 때문에 그럴 수밖에 없는 아버지의 깊고 넓은 뜻을 헤아려보며, 회초리로 치시고 남몰래 뜨거운 눈물을 보이는 분이 바로 아버지임을 새삼 떠올렸습니다. 눈시울이 뜨거워지며 뭉클한 감동이 흘렀지요.

그럼 이제 나는 무엇을 해야 하는 걸까요? 오랜 신앙생활에도 불구하고 좀처럼 뜨거워지지 않고 냉랭하기만 했던 믿음을 달구시는 하나님, 무지하고 둔감했던 심령에 불씨가 하나 떨어진 것입니다. 그것은 다름 아닌 '복음'이었습니다. 저는 큰 충격을 받았습니다. 그토록 귀가 아프게 들어왔던 복음, 그렇지만 제 안에선 죽어 있던 복음이 비로소 생생히 살아나기 시작한 것입니다.

'측량할 수 없는 그리스도의 풍성함을 이방인에게 전하게 하시고' 지식으로만 알고 있던 복음이 마음속에서 깨어나 저를 한층 높은 믿음의 단계로 끌어올리는 것 같았습니다. 복음의 생생함을 전혀 체험하지 못했던 불쌍한 저에게 하나님께서 사명을 선포하시는 순간이었죠. 그리스도 안의 풍성함, 저는 전혀 누리지 못하고 살아왔던 것입니다. 주 안에서 부요하지 못했고, 가난한 신자였던 것입니다. 예수의 피로 새로워졌다는 사실을 쓰레기통에 쑤셔 박고, 항상 죄인으로만 살아온 것입니다. '하필이면 병을 주시고 사명을 주실 건 뭔가? 이왕이면 튼튼하게 하시고 복음을 위해 살아야 한다고 독려해주셨으면 좋았을 텐데.'

하나님은 제가 연약한 줄 아십니다. 저도 제 힘으로는 도저히 복음 위해 살지 못하는 것을 압니다. 그래서 이 암은 감사의 선물이고, 사명을 감당해나가기 위한 첫걸음이라고 깨달았습니다. 사명이 살아갈 이유인 것이죠.

주신 말씀을 찬찬히 묵상하고 나니 힘이 생겼습니다. 어느새 아침이 되어 찬란한 해가 떠올랐고, 여느 때처럼 아침 식사를 준비했습니다. 식탁에 둘러앉은 아이들에게 이 소식을 차분하게 전했습니다.

"엄마가 큰 수술을 하게 되었단다. 이제부터 너희들이 기도해 주면 좋겠구나."

13살인 큰아이가 물었습니다.

"엄마 혹시 암이에요? 너무 걱정하지 마세요. 엄마는 꼭 나을 거예요."

거친 풍랑 속에서 얻은 깨달음

암 선고를 받으면 순순히 받아들일 수가 없습니다. 정신적 혼란이 찾아옵니다. 그런데 그 시간은 다 지나갑니다. 그날이 위기의 골짜기처럼 보일 겁니다. 그러나 나를 붙잡고 있는 말씀을 기억하십시오. 새 일을 행하실 하나님을 바라봐야 합니다. 그렇다고 제가 좌절하지 않았을까요? 차라리 죽는 게 나을 것 같으니 데려가 달라고 어리광부리지 않았을까요?

4시간 동안의 수술이 끝나고 병세가 심해서 나팔관, 난소까지 떼어냈다는 말을 들었을 때 온몸에 오싹한 한기를 느꼈습니다. 수술로도 모자라 항암치료를 받아야 한다는 조직 검사 결과에, 말씀은 숨고 현실만 풍선처럼 크게 부풀어 올라 저를 공포의 도가니로 몰고 갔습니다. 6시간의 지루하고 고통스러운 주사를 6개월간 맞으며 아무것도 먹을 수 없고, 걸을 수 없는 병자가 되어버린 내 몸뚱이가 한스럽게 느껴졌습니다. 그리고 지금까지 셀 수도 없는 항암주사를 맞고, 항암 약을 먹으며 지내길 5년입니다. 처음 항암병동에 올라가 침대에 누워 주사를 맞을 때는 곧 끝나고 다시는 이곳을 오지 않을 거라 결심했습니다. 그런데 이렇게 긴 시간 재발과 치료, 재발과 치료를 반복할 줄 몰랐습니다.

  참담했지요. 온갖 고통을 다 견뎌냈는데 낫지 않고 재발과 마주해야 한다니 낙심하지 않을 수가 없었습니다. 더는 중보자들에게 기도해달라는 부탁도 드리기 미안했고, 긴 병에 효자 없다는 속담처럼 사람들은 잊어버렸습니다. 야속하고 서러웠지만, 빨리 낫기만 하면 주신 말씀대로 사명을 위해 살겠다고 다짐도 했습니다. 더군다나 그 무렵 제가 암이란 사실을 남편 대신 전해주신 목사님께서 '담관암'이라는 진단을 받으셨습니다. 위암이 5년 지나 완치된 줄 알았는데 이름도 생소한 암이 찾아온 겁니다. 혼자 외롭게 투병하던 저는 뜻밖에 목사님의 투병생활로 동지를 얻었습니다.

목사님이 의연하면 저도 씩씩해질 수 있었고, 목사님이 웃으시면 저도 힘이 났습니다. 목사님의 투병과정이 저의 롤모델이 되었죠. 잘 참고 견디고 있다고 서로 칭찬하면서 힘을 냈습니다. 그런데 제가 2번째 재발로 항암치료 하던 중 목사님이 하나님의 부르심을 받았습니다. 얼마나 슬펐는지 며칠 동안 잠을 못 자고, 밥도 먹을 수 없었습니다. 하나님께서 너무하시다는 생각이 참 많이 들었습니다. "이렇게 큰 병원에서 그깟 암 치료도 못해줍니까?"라고 울며 소리쳤습니다. "하나님께서 사역자로 세우셨으면서 왜 맘껏 펼칠 수 있게 회복시켜주지 않는 건가요?"라며 가슴을 쳤습니다.

거친 풍랑처럼 위기의 순간마다 하나님께서는 제게 많은 것을 가르쳐주셨습니다.

그 첫 번째는 인내입니다. 조급하면 집니다. 화가 납니다. 급한 마음은 가족들에게, 주변 사람들에게 본의 아니게 상처를 줍니다. 기다려야 합니다. 일희일비하지 말아야 합니다. 의사선생님이 좀 좋아졌다고 하면 들떠서 난리고, 조금 나쁘다고 하면 풀이 죽어버리면 안 됩니다. 여유를 가져야 이깁니다. 하나님께서는 주신 말씀을 반드시 이루십니다. 인내로 참고 기다리면 꼭 응답을 주십니다. 그것이 바로 약속이 아닙니까? 스스로 데드라인을 정하지 마세요. 그저 암에서 낫기만을 위해 온 신경을 집중하는 것은 어리석은 일입니다. 과정을 소중하게 여겨야 합니다. 오직 결과에만 집중하다 보면 이 땅에 보내신 하나님의 거룩한 뜻은 쇠하고, 내 뜻만을 위해 살아가는 꼴이 됩니다. 나를 향하신 하나님의 목적에 집중하면 그 과정 하나하나가 다 소중하고 귀한 것입니다. 하루를 살아도 사명 감당하며 즐겁게 살아야 하나님이 기뻐하시지 않을까요? 그러니 더 기다려야 한다면 느긋하게 마음먹으세요.

두 번째로 하나님은 미쁘십니다. 저는 암이 3번 재발했습니다. 임파선이 자꾸 부어올라 몇 년 동안 항암치료를 했습니다. 한 번도 힘들다는 항암치료를 몇 년 하다 보니 부작용이 심했습니다. 손바닥과 발바닥이 모두 벗겨지고 얇아져 걸음을 걸을 수 없이 아팠고, 물을 만지는 일도 쉽지 않았습니다. 음식을 먹지도 못했죠. 이렇게 애를 썼건만 재발이라니 쉽게 이해가 되지 않았습니다. 그때까지도 저는 '완전한 회복'이야말로 저를 향한 하나님의 응답이라 생각했습니다. 제가 남편과 아이들을 두고 먼저 갈 수도 있다는 생각은 결코 하지 않았고, 죽음이라는 단어는 절대 떠올리지도 않았지요. 그런데 그것이 얼마나 교만한 것인지 알게 되었습니다. 설령 죽음이라 할지라도 하나님의 응답일 수 있다는 게 얼마나 충격적이었는지 모릅니다. 사람들은 기도할 때 자신이 원하는 결과가 도출되었을 때만 응답받았다고 하는 경향이 있잖아요. 정반대의 결과가 나와도, 아니 아무런 변화가 없을지라도 그것조차 하나님의 응답이라는 수용이 있어야 합니다. 어떤 결과든 그것이 나에게 가장 좋은 것, 선한 것임을 깨닫게 되자 하나님의 미쁘심을 찬양하지 않을 수 없었습니다. 이제야 온전히 하나님을 신뢰하게 되었다는 것입니다. 얼마나 감사한지요. 고난이 넘친다고요? 그렇다면 위로가 넘칠 것입니다. 확실합니다.

세 번째로 고난은 유익합니다. 제 인생에 기대가 있기 때문에 징계가 있는 것입니다. 이것이 특권입니다. 고난 때문에 하나님 앞에 바짝 당겨 앉을 수 있었습니다. 또한 육체의 고난은 죄를 그치게 만듭니다(벧전 4:1). 암 이전의 삶을 생각해보면 고난이 저를 변화시켰음을 알게 됩니다. 제 몸이니 제 마음대로 썼는데 이제는 주님이 거하시는 성전임을 알고 잘 관리하려고 애씁니다. 어디까지나 나는 청지기라는 마음으로 주인 되신 하나님의 뜻에 귀를 기울이게 됩니다. 몸을 잘 다스려야겠다는 결심을 하게 되었으니 이 모든 게 유익이 아니고 무엇일까요? 말씀 들을 때도 저와 상관없다는 듯 맹송맹송했는데 이제는 말씀이 나를 찌르고, 일으키고,

훈계하고, 이끕니다. 그래서 성장합니다. 그리고 깊어집니다.

네 번째로 소망은 오직 하늘에만 있습니다. 목사님의 힘들고 고통스러운 투병을 지켜보았습니다. 암 환자가 암 환자의 고통을 보는 것은 불안과 두려움을 안겨줍니다. 그러나 생명은 주께 있음이 분명합니다. 저는 그것을 굳게 믿었습니다. 목사님이 돌아가시자 하나님의 부르심을 받는 것은 이 땅에서 살아가는 것만큼이나 귀하다는 생각이 들었습니다. 그리고 썩어질 세상의 모든 것에 마음을 졸이고 얽매여 살아온 것이 얼마나 덧없고 부끄러웠는지 모릅니다. 육체엔 소망이 없습니다. 날로 후패할 뿐입니다. 드디어 저의 시각이 바뀌었죠. 육신의 생각은 사망이요, 영의 생각은 생명과 평안입니다(롬 8:6).

다섯 번째는 결코 혼자가 아니라는 것입니다.

"엄마, 왜 사람들은 암이라면 다 죽는 줄 알죠? 친구가 할아버지가 암이라 곧 돌아가실 거라면서 암은 죽는 병이랬어요. 그래서 하도 화가 나서 아니라고 말했는데도 계속 그러기에 엄마 이야기를 해줬어요. 우리 엄마도 죽는다고 했지만 지금까지 살아 계시다고 했더니 아무 말 못하던데요."

큰아이가 중학교 1학년 때 일입니다. 자식에게 엄마는 아프다는 이유만으로 참 미안한 것입니다. 절로 자란 듯 보이지만 하나님의 숨은 은혜가 함께했습니다. 철이 들고, 의젓해지고, 또래들보다 어른스러운 모습이 엄마에게는 마냥 좋기만 했겠어요? 아이답지 못한 행동이나 말을 할 때면 가슴이 아프지 않았겠어요? 그 아이가 벌써 고등학교 2학년입니다. 작은아이는 어느덧 중학생이 되었죠. 아이들이 교복을 입은 모습을 보면 눈물이 왈칵 쏟아집니다. 아이들이 바로 제겐 하나님의 놀라운 증거입니다. 아이들의 기도와 사랑을 제게 늘 공급해주신 사실이 참 감격스럽고, 기운이 펄펄 납니다.

또 5년의 시간 동안 병원에 항상 함께 가주고, 위로해주며 힘이 되어준 남편에게는 말로 다 할 수 없는 고마움을 느낍니다. 내 마음은 온통 두 아들에게만 기울어 있는데, 친정 부모님 마음속에는 오직 저만 있었던 것이 죄송합니다. 뭘 좀 먹었는지, 걸을 수 있는지, 기분은 어떤지, 토하진 않았는지…. 부모님의 염려와 격려가 삶을 포기하지 않게 해주었죠. 그뿐 아닙니다. 하나님이 보내신 천사의 방문도 잦았습니다. 성도들의 기도가 쉬지 않았습니다. 오히려 성도들의 위로가 넘쳤기에 저는 하나님을 바라보기보다 사람을 기대하는 우를 범하기도 했지요. 때로는 사랑이라 생각하며 긴 설교와 훈계를 하시는 분도 있었지만 그것조차 관심이니 감사할 뿐이었습니다. 비록 연수가 지나며 더러는 잊어버리고, 더러는 다 낫겠거니 관심이 뜸해졌지만 그래서 더욱 '결단코 나를 떠나지 않으시는 성령 하나님'을 경험하였습니다. 그러니 외로움 타지 마세요. 혼자가 아닙니다.

여섯 번째, 믿음은 새 일을 행하실 하나님을 바라보는 것입니다. 믿음이 왜 믿음이겠어요? 눈에 보이지 않지만 약속하신 하나님의 말씀이 진리임을 의심하지 않기에 반드시 이루실 것을 바라보기 때문입니다. 믿음은 그런 것입니다. 하나님께서는 계속해서 신뢰할 수 있도록 이중 삼중의 안전장치로 말씀 도장을 찍어주십니다. 약속을 일찌감치 받았지만 아직도 언제 이루실지 요원하다고요? 아닙니다. 지금도 그 약속을 이뤄가는 과정입니다. 꼼꼼히 살펴보세요. '새 일'이라는 단어에 대한 오해를 풀어야 한다고 생각해요. 하나님은 오늘도, 어제와 분명 다른 '새 일'을 행하고 계시는걸요. 어제처럼 잠에서 깨고, 어제처럼 일을 하고, 어제처럼 가족들을 섬기고, 어제처럼 사람들을 만납니다. 저는 이것이 새 일임을 의심하지 않습니다. 감사로 일어나고, 보람차게 일하고, 즐거움으로 밥을 짓고, 웃으며 사람들을 마주하는 일. 이것이 바로 새 일이 아니고 무엇이겠어요?

 하나님께서 저를 보내신 이유는 저의 연수를 다 채우고, 할 일을 다 마친 후에 천국에서 맞아주시려는 것입니다. 그것을 꼭 기억하세요. 하나님은 저의 재앙이 아니라 평안을 위해 일하십니다. 저의 넘어짐이 아니라 일어섬을 위해 수고하십니다. 질병이 아니라 건강이 하나님의 소원임을 믿고, 새 일을 베푸실 때 마음껏 누리시기 바랍니다. 힘겨운 몸을 겨우 일으켜 된장찌개를 준비하고, 간을 보고, 식탁을 차리는 이 일이 도대체 무슨 의미가 있냐고요? 무슨 소용이 있느냐고요? 저도 숱하게 질문했었죠. 낡은 어제의 일이 똑같이 반복되지만 오늘은 분명 새로운 날입니다. 그리고 저는 그 사실을 믿고 달려가는 것이 하나님의 뜻이라 믿습니다.

나는 아직도 투병 중

 토하고, 짜증 내고, 우울해하고, 슬퍼했던 시간은 정말 잠깐이었습니다. 순간이었습니다. 저는 유치원에서 일하는데, 아이들이 제게 달려올 때는 뭔가 문제가 생겼을 때입니다. 장난감을 갖고 정말 재미있게 친구들과 어울립니다. 그런데 손가락을 베였다든지, 코피가 났다든지, 친구에게 화가 났다든지, 넘어져 피를 보았을 때는 어김없이 저에게 쪼르르 달려옵니다. 엉엉 울면서 품에 안깁니다. 제가 밴드를 붙여주고, 약을 발라주고, 다독여주면 곧장 기분이 풀려 다시 놀던 곳으로 돌아가죠. 그 아이는 두고두고 저에 대해 좋은 감정을 갖게 됩니다. 사랑한다는 말도 자주 하고, 제 주변을 맴돕니다.

저도 원치 않았지만 인생의 놀이터에서 돌부리를 못 보고 그만 걸려 넘어진 것입니다. 대수롭지 않게 넘어갈까 했는데 글쎄 무릎에 피가 났습니다. 누구에게 달려갈까요? 저에게 아무런 문제가 없을 때는 아버지의 따뜻함, 어머니의 정다움을 깜빡합니다. 놀이에 빠져 잊어버립니다. 그렇지만 문제가 발생했을 때는 이야기가 달라지죠. 아버지를 찾을 수밖에 없습니다. 붙들어야 치유될 수 있습니다. 찾아가야 해결을 받는 것입니다. 문제 때문에 아버지를 더욱 신뢰하게 된 것을 감사합니다.

저의 긴 투병은 지금도 진행 중입니다. 의사선생님의 눈에는 아직 항암치료가 필요한 상태입니다. 그렇지만 그동안의 시간과 경험이 저와 남편에게는 오히려 용기를 주었습니다. 의사선생님의 말에는 절대 토를 달지 않았습니다. 얼굴도 제대로 쳐다보지 않고 컴퓨터 수치만 보고 내리는 처방이 과연 무슨 애정과 간절함이 있겠습니까? 그 수치, 그 결과를 뛰어넘는 하나님의 보이지 않는 손을 의사선생님은 과연 알까요? 남편과 저는 항암치료를 하지 않겠다고 말했습니다. 몇 년 전, 불과 얼마 전까지도 의사선생님이 하라는 대로 순순히 따르는 것이 착한 환자인 제 역할이라 생각했습니다. 그래야 빨리 나을 것이란 착각도 가졌죠. 그렇지만 항암치료를 받아도 암 세포가 커지는 사람이 있고, 항암치료를 안 해도 암 세포가 작아지는 사람이 있는 것을 보았습니다. 그것이 아직도 하나님은 일하신다는 증거가 아니겠어요? 그것이 아직도 기적이 있다는 증거 아니겠어요?

암 환자인 것을 잊고 살아갑시다. 이제야말로 새 일을 행하시는 하나님을 더욱 찬양할 일이 많아질 것 같아요. 가족의 짐이 된다는 염려, 주님의 성도들에게 면목없다는 의기소침, 죽으면 끝인데 지금 하는 일이 무슨 의미가 있겠냐는 우울함. 그것을 떨쳐내십시오. 욕심 부리지 않는다면, 가난한 마음을 가진다면, 하나님의 '새 일'이 무수히 많아질 것을 저는 확신합니다. 육신을 바라보지 마세요. 우리는 영혼이 불꽃처럼 타오르는 승리자입니다.

주는 계신 곳 하늘에서 들으시고 사하시며
　　각 사람의 마음을 아시오니.

왕상 8:39

무당집에 꽂힌 십자가

김종오

      물론 살아 계신 예수님을 만난 성도라면 누구나 십자가의 증인이 되고 싶은 개인적 체험들이 있을 것이다. 그 체험 역시 다양하고 동일할 수는 없겠지만 나도 그 하나님의 영원하신 구원의 은혜를 받은 죄인 중의 한 사람이다.

  나는 문학적 소양과는 거리가 먼 목사이다. 그럼에도 불구하고 이 이야기를 전하고자 하는 이유는 두 가지다. 하나는, 이 땅의 많은 성도에게 하나님의 살아 계심을 조금도 의심하지 말고 끝까지 주님과 동행하며 천국의 영광에 이르기를 독려하기 위함이다.

  또 하나는, 아직까지 주님과의 만남이 없는 사람들이 있다면 예수님을 만나는 계기가 되었으면 하는 바람에서다.

무당집

나는 무당집에서 출생했다. 어머니께서 무당이셨기 때문이다. 영적으로 보면 가장 불행한 가정이다. 왜냐하면 구약에서는 무당을 돌로 쳐 죽이라고 명령하실 정도로 하나님 앞에 혐오스러운 신분이었기 때문이다. 집에는 지옥 마왕과 같은 무서운 형상과 동자들이 그려진 탱화가 걸려 있었고, 불상이 모셔져 있었다. 지금도 선교지에서 나오면 떡집부터 가는데, 그 이유는 어머니께서 무당 시절 매일같이 벌어진 굿판에서 떡을 많이 먹었기 때문이다.

1976년경이었다. 초등학교를 마치고 홍성 중학교에 입학하였을 때 도보로 15분 정도의 거리에 조그마한 절이 있었다. 그 절은 당시 어머니와 가끔씩 다니던 곳으로 마치 쉼터와 같았다. 특히 바람에 흔들리던 처마 끝의 풍경 소리는 어린 나로 하여금 비구가 되고 싶은 동경에 빠지게도 했다. 베드로가 변화 산에서 예수님과의 기거를 원했다면(마 17장), 나는 목탁 소리와 풍경 소리에 심취하여 절에 머물고 싶은 소원을 품었다. 그러다 보니 집, 학교 그리고 절은 내 삶의 주 무대가 되었다.

영적 전쟁

아마 1977년이나 1978년, 어느 날(성탄절) 새벽 1~2시경이었을 것이다. 조용하던 문 밖에서 노랫소리가 들려왔다. 물론 당시에 그 노래가 무엇이었는지는 알 길이 없었다. 지금 돌이켜 생각해보니 교회에서 새벽송을 돌던 중이었고, 그들이 부르던 노래는 〈고요한 밤, 거룩한 밤〉이었다. 주무시던 어머니께서 "우리 집 대문 앞에서 나는 소리가 아니냐? 지금이 몇 시인데 정신없는 놈들이 있느냐?"라며 부리나케 대문 쪽으로 달려 나가셨다.

"누구냐? 이 한밤중에 남의 집 대문 앞에 와서 떠드는 놈들이?"

어머니의 상기된 얼굴과 맞닥뜨린 학생들이 순간 당황하여 형님의 이름을 말했다.

"김종익 회장님 댁 아닙니까?"

"맞는데! 내 아들인데, 너희는 누구냐?"

"저희는 저 읍내 교회에서 왔는데요."

"교회? 우리 아들 교회 안 다닌다."

"아닌데요. 아드님이 저희 교회 고등부 회장이신데요. 얼마나 열심이신데요."

"뭐라고? 어쨌든 우리는 교회 안 다니니까 썩 돌아들 가라."

머뭇거리던 학생들이 어머니의 벼락 같은 호통에 발길을 돌렸다. 물론 이 사건은 그날 이후 집안의 영적 전쟁 신호탄이 되었다.

다음 날 밥상 앞에 앉아 계신 아버지, 어머니, 그리고 형과 나 사이에 마치 살얼음판을 걷는 듯한 무거운 분위기가 연출되었다.

어머니께서 먼저 입을 떼셨다.

"너! 솔직히 말해라. 교회 다니니?"

"예."

"아니, 이 자식이. 너! 우리 집이 어떤 집안인 줄 아냐? 모르냐? 우리 집이 무당집 아니냐? 무당집에서 예수 믿으면 망하는 거 모르냐? 이놈아!"

당시 어머니는 굿하러 찾아오는 사람들의 얼굴만 봐도 왜 오는지 그 이유를 아실 정도로 꽤 신통력이 있으셨다.

"아닙니다, 어머니. 예수님 믿으면 망하지 않고 오히려 구원을 받습니다."

이른 아침부터 어머니와 형님 사이에 예수를 믿어야 한다, 안 된다로 옥신각신 다툼이 시작되었다. 그야말로 잔잔한 호숫가에 누군가 돌을 던진 듯한 상황이 된 것이다. 그때 침묵하고 식사만 하시던 아버지께서 갑자기 상을 뒤집어 엎으셨다. 밥그릇이 나뒹

굴고, 국이 다 엎어져 콩나물이 옷에 붙고….

"에이! 아침부터 집안에서 무슨 큰 소리냐? 큰 소리가…. 재수 없게."

화가 나신 아버지는 밖으로 뛰어나가시더니 나무하러 가실 때 쓰시는 작대기를 가지고 들어오셨다. 형님을 때리기 위해서였다.

형님이 밥도 못 먹고 맨발로 흰 눈이 쌓인 차가운 바깥으로 쫓겨나는 슬픈 일들이 계속되었다. 쫓겨난 형님은 아버지께서 주무시고 나서야 살며시 방으로 돌아오곤 했다. 지금도 당시 고난 겪던 형님을 생각하면 마음이 미어져 온다. 그래서 이 사건의 상황을 더 깊이 있게 쓰고 싶어도 마음이 아파 더 이상 이야기할 수 없다. 이유는 나도 당시 형님을 미워하던 대적자의 한 일원이었기 때문이다. 계속되는 영적 전쟁에서 형님은 조금도 물러설 기미를 보이지 않았다. 형님은 우리 가족을 예수님의 구원의 은총 안으로 이끄는 통로이자, 도화선이 되었다. 하나님의 말씀대로 하면 '한 알의 밀알'(요 12:24)이 된 것이다. 밥을 제대로 못 먹고 아버지에 의해 쫓겨나기를 몇 번이나 했던가? 추위에 몸을 떨다가 아버지가 주무시면 그때 슬며시 집안으로 들어와 또 책을 잡던 형님이었다. 공부하는 데는 독하다 싶을 정도였다.

이렇게 핍박당하던 형님과의 사이에서 잊을 수 없는 사건이 하나 있었다. 예수님을 믿고 목사가 되었을 때 나는 지난날 그 일을 회상하며 하나님 앞에서 한없이 울며 회개했다. 가슴이 도려지는 듯한 미안한 마음이 나를 눌렀다.

　어느 날 집에 들어오는데 어머니와 형님이 방에서 예수 믿는 문제로 또 옥신각신하고 있었다. 어머니의 표정을 보니 화가 머리끝까지 나신 것 같았다. 그도 그럴 것이 형님이 감쪽같이 속이고 예수를 믿고 있었기 때문이었던 데다 포기하라 해도 끝까지 어머니를 전도하려고 하니 당시 무당이셨던 어머니께서 화내시는 것은 당연한 일이었다. 그 광경을 바라보던 내 마음에 형님에 대한 미움이 강렬하게 복받쳤다. 사단이 내 마음을 접수한 것이었다. 그때 그 미움의 감정은 어떻게 표현할 수 없었다. 아마 바울이 되기 전의 사울이 그러했을 것이다. 형님을 향한 걷잡을 수 없는 분노가 끓어올랐다.

　'아니 예수 믿지 않으면 되지! 왜 예수 믿지 말라는데도 저렇게 부득부득 부모님 말씀 거역하면서까지 집안을 시끄럽게 할까?'

　나는 부엌으로 뛰어들어갔다. 중학생이었던 내 손에 주방에 있던 큰 부엌칼이 쥐어졌다. 그리고 방으로 들어가자마자 형님의 목덜미 쪽을 겨냥하여 힘 있게 들이질렀다. 그때 상황을 하나님께서 주장하시지 않으셨다면 어쩌면 나는 살인자가 되었을 것이 분명하다. 순간 놀란 형님이 날쌔게 몸과 고개를 옆으로 젖혔다. 시퍼런 칼끝이 형님의 귀 사이를 스쳐갔다. 형님은 내 손을 비틀어 제압하고 칼을 빼앗았다. 그리고 처음이자 마지막으로 내 오른 뺨을 울분을 토하며 갈겼다.

"나는 네가 나에게 이렇게까지 할 줄 몰랐다. 나는 정말 너를 사랑했는데…."

정말 배신감을 느낀 형님의 모습이었다. 당시에는 미처 깨닫지 못했지만 지금은 이렇게 말할 수 있다.

"정말 미안합니다. 형님!"

불붙은 나무 십자가

1979년 여름이었던 것으로 기억된다. 이 사건에는 몇몇의 증인들이 있다. 그중에 한 분은 현재 초등학교 교사로 김포에 와 계신 염철인 집사님이시다. 그날 한적한 시골 마을에 놀라운 하나님의 주권적인 구원의 역사가 시작되었다. 라디오에서는 매일같이 광주 소식이 전해지고 있었다. 보름달이 환하게 비치던 여름날, 전부 다 합쳐야 겨우 10가구 정도밖에 안 되는 조용한 시골 마을, 사망이 깔려 있는 우상 고을에 하나님이 찾아오셨다. 형님은 다락에서 공부하고 있었고 어머니, 아버지, 나는 다락을 끼고 있는 안방에서 잠을 자려고 누워 있었다. 벽에 걸린 큰 괘종시계가 밤 11시를 알렸다. 괘종시계가 타종을 멈추자 어머니께서 갑자기 머리가 아프시다며 자리에서 벌떡 일어나셨다.

"나무아미타불 관세음보살…."

나는 어머니께서 평소 혈압이 좀 높으신 편인지라 그저 혈압 상승으로만 생각하였다. 밤 11시 30분경, 어머니께서 머리가 지끈거리신다며 머리를 붙들고 몹시 아파하셨다. 11시 50분, 어머니께서 갑자기 "아악!" 하고 소리를 지르시며 뒤로 벌러덩 넘어가셨다. 마치 권투 선수가 KO당할 때를 연상케 하는 장면이었다. 아버지가 무척 놀라신 것 같았다. 나는 무슨 일인지 감도 잡히지 않는 상황이었다.

"종오야! 네 엄마 죽은 것 같다."

아버지께서는 뒤로 넘어가 꼼짝 않고 누워 계신 어머니를 이리저리 살피셨다. 그리고 10분 뒤 벽에 붙어 있던 괘종시계가 자정을 알렸다. "괭, 괭…."

12번의 타종이 멈추는 순간, 마치 시체와 같았던 어머니 입에서 "하, 하, 하나님!"이라는 말이 나왔다.

자리에서 벌떡 일어나신 어머니께서 방문을 열고 나무마루에 무릎을 꿇으셨다. 무슨 일인가? 지금 우리 집에 무슨 일이 일어나고 있는가?

"종오야! 네 엄마가 미쳤나 보다." 아버지가 말씀하셨다.

보름달이 환하게 내리비치는 나무마루에 무릎 꿇으신 어머니 입에서 당시 내가 전혀 알 수 없는 방언과 찬양처럼 느껴지던 멜로디 그리고 통곡과 회개가 계속해서 나왔다. 교회의 '교'자도, 예수의 '예'자도 관심 없던 어머니에게 강력하고도 갑작스러운 하나님의 임재가 시작된 시간이었다. 젊은 시절 강연하러 다니시느라 쩌렁쩌렁 크게 울리는 어머니의 목소리가 고요한 시골 마을의 정적을 깨워버렸다. 이렇게 시작된 어머니의 회개와 감사기도는 교회에서 새벽예배 30분 전을 알리는 4시 30분까지 계속되었다. 교회의 타종이 멈추는 동시에 어머니께서 대문을 여시고 어디론가 쏜살같이 나가셨다.

아침 7시경 어머니가 집으로 돌아오셨다. 발을 보니 흙으로 범벅이 되어 있었다.

"엄마! 어디 다녀오셨어요?"

"교회, 교회 가서 새벽예배 드리고 왔다. 교회가 어디 있는지 몰라 시장갈 때 읍에서 보았던 교회가 생각나 그곳으로 가려고 했는데 가다 보니 내 속에서 이끄는 힘이 저 앞에 있는 교회로 인도하여 그곳에서 예배드리고 왔다."

어머니께서 처음으로 예수님을 만나고 예배드렸던 교회는 우리 집에서 읍으로 나가기 전에 도보로 약 25분 거리에 있던 대한예수교장로회 소향교회였다. 당시 담임 교역자는 김철중 전도사님이셨고, 장년 40~50여 명이 출석하던 시골의 작은 교회였다. 이곳이 우리가 처음으로 하나님께 예배드리고 신앙생활을 시작하게 된 모교회가 되었다.

어머니께서 교회를 다녀오신 그날 오후에 옆집 정식이 할머니가 오셨다. 이분도 어머니의 영향을 받아 절에 다니시던 분이었다. 할머니께서 어머니에게 물으셨다.

"어젯밤에 이 집에 무슨 일이 있었나?"

"왜요?"

"글쎄, 어제 새벽에 큰 소리가 들려 무슨 일인가 싶어 나와 봤지 뭐야. 그런데 이 집을 쳐다보니 이 집 지붕 위에 빨갛게 불붙은 큰

나무 십자가가 박혀 있는 것이 아닌가, 불은 붙었는데 나무가 타지는 않고…. 내가 그것을 보고 얼마나 놀랐던지…. 아마 내가 그것을 보고 쓰러졌었나 봐. 우리 며느리랑 아들이 나를 방으로 데려다가 눕혀놨다는데 낮에야 깨어났어. 무슨 일이 있었냐?"

주님을 모시는 성전

예수님을 만나신 어머니의 삶에는 많은 변화가 있었다. 그중에 재미있는 일화가 하나 있다. 하나님께서 말씀하시기를 '구원받은 성도의 몸은 하나님의 거룩한 성전'이라고 하셨다. 성령님이 임재하시고 내주하심으로서 성부 하나님, 성자 예수님과 거룩한 교통을 이루는 하나님의 성전임에 확실하다. 정말 그러했다. 사실 어머니께서 예수님을 만나시기 전까지는 술을 엄청 드셨다. 한 번 마시면 막걸리 반통은 드셨던 것 같다. 가끔씩 술에 취해 동네방네 떠나가도록 내 이름을 부르시며 동네 길로 접어드시던 어머니 때문에 부끄러울 때도 참 많았다.

"종오야! 여기가 내 집이다. 집 다 왔다."

어머니는 전봇대에 겉옷을 벗어 걸고 길에서 주무시려 하신 적도 있었다. 그런 어머니께서 예수님을 만나신 후로는 술과는 전혀 인연이 없었던 분처럼 변하셨다. 그런데 하루는 아버지께서 어머니의 마음을 몹시 상하게 하셨다. 그날 어머니께서 얼마나 화가 나셨던지 그간 안 하시던 담배도 몇 모금 피워보시더니 그래도 진정이 안 되셨는지 부엌으로 들어가 품꾼들을 위해 준비해놓았던 막걸리와 대접을 가지고 나오셨다. 화를 가라앉힐 만한 다른 방도가 없다고 생각하셨던 모양이다.

잠시 후 막걸리 한 대접을 들이키기 시작하셨다. 그 순간 어머니께서 "으왝, 으왝… 컥컥" 하시며 기도(氣道)가 막혀 금방이라도 숨이 넘어갈 듯한 상황이 벌어졌다. 예전에 그렇게 잘 드시던 막걸리였는데. 생명에 지장이 있을 정도로 안색이 새파래지시다가 순간 "우왝" 하시며 입으로 들어간 막걸리를 다 토하셨다. 정말 다급한 순간이었다. 그리고 어머니께서 몹시 놀란 표정으로 말씀하셨다.

"내가 잘못했구나. 하나님께서 이런 모습을 정말 싫어하시는구나. 다시는 마시면 안 되겠다."

이후로 하나님의 부르심을 받아 소천하실 때까지 예수님 만나시기 전의 습관과 모습은 그 어디에서도 찾아볼 수 없는 삶을 사셨다. 이렇게 구원받은 성도들의 몸은 정말 하나님의 거룩한 성전이다. 결코 더러워지거나 죄와 음란이 자리 잡지 못할 예수님의 피로 구속하신 하나님의 성전임에 틀림없다.

16살, 예수님을 만나다

이 사건이 있기 전까지 나는 교회에 다니는 친구는 생각하지도 못했다. 가끔씩 광준과 범웅이라는 친구가 전도하러 왔었다. 지금에 와서는 참으로 부끄러운 일이지만 하루는 나에게 전도하러 왔던 친구들에게 병을 깨뜨려 "나를 다시 전도하면 죽이겠다"고 협박했던 일도 있었다. 그로 인하여 교회 다니는 친구는 한 명도 사귀지 못했다. 그러던 내가 1979년 어느 주일, 생애 처음으로 교회를 찾아갔다. 확실하고도 분명한 것은 주님이 나를 이끄신 것이었다. 교회 마당에 이르자 나를 전도하려 했던 또래 아이 중에 한 명이 물었다.

"누구를 찾아오셨어요?"

"저… 교회 다니고 싶어 왔는데요."

그 시간은 주님의 인도하심 속에서 예수님을 만나게 되어 제2의 인생길을 걷는 출발점이 되었다.

어머니의 네 가지 예언적 유언

어머니께서 예수님을 믿으신 지 4년 정도 되어가던 때의 일이다. 내 나이는 19살이었다. 당시 형님은 상경하고 시골집에는 아버지, 어머니 그리고 나 이렇게 셋이 살고 있었다. 하루는 어머니께서 들려주실 이야기가 있으시다며 입을 여셨다. 그리고 말씀하셨다.

"종오야! 내가 너에게 한 가지 정말 미안한 것이 있구나. 내가 너희 누나, 형들은(이복 형제들) 다 시집, 장가보냈는데 너만 남았으니… 내가 살아서 너의 장가가는 일을 도와줄 수 없을 것 같아 미안하구나."

나는 어머니의 말씀에 버럭 화를 내며 말했다.

"엄마! 무슨 말씀이세요. 저하고 오래 사셔야지요."

"아니다. 네가 곧 알게 될 거다. 그러니 내가 하는 말을 잘 들어라. 하나님께서 너에게 주시는 약속이다. 너에게는 세 가지 약속을 주셨다. 첫째는, 하나님께서 장차 너를 목사로 세우실 것이다."

어머니의 말씀에 순간 웃음이 났다. 그 이유는 목사에 대하여 이해하지 못하던 시절이었고, 또한 나에게는 영화배우가 되고자 하는 꿈이 있었기 때문이다. 그러므로 어머니의 말씀을 납득하지 못하는 것은 당연한 일이었다.

"그리고 둘째는, 네가 현역으로 가지 못할 것이다. 상황이 그렇게 될 것이다."

나의 병역과 관련된 신검 기록을 보면 '1급 갑종 현역 대상'으로 되어 있다. 그 당시 친구들이 하나둘씩 현역으로 징집되고 있는 상황이기도 했다.

"엄마! 내 친구 광옥이도 며칠 있으면 군대 간대요. 저도 읍사무소에서 곧 징집이 있을 거라고 하면서 만약 어디 다녀올 계획이 있다면 연락처를 꼭 집에 두고 다니라고 했어요."

"그래도 너는 현역으로 군대에 못 가게 될 것이다. 상황이 그렇게 만들어질 것이다. 마지막 셋째로, 너에게 아들을 주실 것이다. 이것이 너에게 주는 하나님의 약속이시다."

나에 대한 하나님의 약속이라고 이 세 가지를 말씀하신 어머니께서 다음으로 둘째 형님을 향하신 하나님의 약속이라고 한 가지를 말씀해주셨다.

"장차 이 나라의 지도자로 세우실 것이다."

사실 당시 어머니의 말씀은 귀에 하나도 들어오지 않았다. 그러나 어머니의 말씀은 언제나 내 가슴 한쪽에 자리 잡고 있었다. 아주 떨쳐버릴 수는 없었다. 어머니는 예수님을 만난 후 하루도 쉬지 않고 대청마루에서 새벽, 저녁마다 기도를 드리셨다. 나는 그 기도 소리를 들으며 잠이 들곤 했고, 그래서인지 하나님께서 나도 오늘날까지 무릎 꿇는 삶으로 이끌고 계신다.

어머니의 말씀을 들은 후 3개월쯤 지나 어머니는 소천하셨다. 하나님께서 어머니를 천국으로 부르시던 그 전날이었다. 어머니께서는 미용실을 다녀오셨고, 다음 날 새벽에는 목욕을 하시고 옷장에 넣어두셨던 깨끗한 옷을 입으셨는데 하나님께서 그날 오후에 어머니의 영혼을 불러 가셨다. 아름다운 소천이었다.

그 후 나는 어머니의 예언적 유언대로 어머니 소천 후 당시 예순이 넘으신 홀아버지를 모셔야 되는 상황으로 갑작스럽게 방위 입영 통지서를 받고 병역 의무를 마쳤다. 그리고 21살에 결혼하여 아들을 얻었고, 1997년 여름, 목사가 되었다. 둘째 형님은 현재까지 미국 맨해튼에서 유학 중이다.

사랑이 최고니라

결혼 당시 나와 아내는 주님 밖의 외인이었다. 그러다가 1988년 내가 신학교에 입학한 후 아내도 교회를 다니게 되었다.

그런데 당시 아내는 성도들이 아내에게 하는 말들 때문에 큰 아픔을 겪게 되었다. 물론 그들은 아내를 위해서 하는 말들이라고는 했으나 듣는 아내 입장에서는 마치 찌르는 가시와 같은 것이었다.

"사모 될 사람은 기도를 많이 해야 돼!"

"사모 될 사람은 성경을 많이 알아야 남을 가르칠 수 있어!"

입을 열면 "사모 될 사람이, 사모될 사람은…" 한두 번이 아니었다. 사실 내가 신학교에 가면서부터 교회를 다니기 시작한 아내에게 '사모 될 사람이…'라는 말들은 심각할 정도의 정신적 스트레스로 이어졌다. 그러다 보니 나는 나대로 '과연 아내가 사모의 역할을 잘해갈 수 있을까' 걱정하고, 아내는 자신의 약함 때문에 염려했다. 후에 아내가 고백한 말이지만 자신이 죽는 길만이 나를 위한 것이라고 생각하며 죽으려고 몰래 밤에 나갔었다고 하였다. 얼마나 듣기에 고통스러웠던 고백이었는지 모른다. 그때 목숨을 던지려고 칠흑 같은 어둠 속에서 울고 있던 아내에게 하나님께서 조용히 찾아오셨다. 그리고 집으로 다시 돌려 보내셨다. 정말 경험자가 아니고서는 그 고통을 모른다. 오직 살아 계신 여호와 하나님만이 아신다(왕상 8:39). 하루는 신학교에서 이 문제로 울며 기도하고 있었다. 그때 조용히 찾아와 들려주시던 성령님의 음성은 이러하였다.

"물론 사모에게는 기도 많이 하는 것이 필요하다. 성경 많이 아는 것도 중요하다. 그러나 사모에게 있어 가장 중요한 것은 사랑이다. 사랑이 없으면 아무 소용이 없느니라. 사모에게 있어 가장 필요한 것은 사랑이다(고전 13장)."

이와 같은 성령님의 감동에 얼마나 감사하며 울었는지 모른다. 그날 성령님의 감동을 아내와 나눈 후로 지금까지 이러한 문제로 마음 아파해본 적이 없었다. 12년 만에 미국에서 나와 우리 내외를 찾은 이복 막내 누님이 이런 말을 남기고 미국으로 출국했다.

"네 아내에게는 사랑이 있다. 어린아이와 같은 사랑의 마음이 있다. 예전에는 네 아내가 어떻게 사모의 직분을 감당할까 염려해왔던 것이 사실이었는데 지금은 모든 걱정이 사라졌다."

5분 설교

대전신학교 2학년 때였다. 당회장 홍 목사님께서 주일 저녁 설교를 준비하라고 하셨다. 신학교에 입학한 후 처음 맞이하는 시간이었다. 마태복음 4장 1~11절을 본문으로 택하고 설교를 준비했다. 그동안 주일 학교와 중고등부 설교는 해왔지만 장년부 설교는 처음이었다. 저녁 7시 30분, 당회장 목사님의 인도로 예배가 시작되었다.

"김종오 선생님의 설교가 있겠습니다."

파란 양복을 차려입고 강단에 섰다. 몹시 긴장된 순간이었다. 마치 100m 달리기 선수가 출발 신호를 알리는 총성과 함께 앞으로 질주해가듯이 준비된 원고를 읽어나갔다. 성도들은 처음 설교하는 나를 격려하고자 "아멘, 아멘" 하며 독려해주었다. 그렇게 설교를 마치고 강단 뒤로 물러서려는데 내 허리 뒷부분에서 손길이 느껴졌다. 뒤돌아보니 뒤에 앉아 계신 홍 목사님이 내 허리 뒷부분을 밀고 계셨다.

"김 선생님! 5분 지났습니다. 더 하세요."

"다 했는데요."

"그래도 5분밖에 안 지났는데…."

"목사님, 다 해서 할 것이 없어요."

그날 이후로 4학년 졸업 때까지 모교회 강단에서 장년부 설교는 하지 못했다.

네 무릎을 칠 수밖에

대전신학교 신학 과정에 있을 때였다. 어느 날부터인가 한쪽 다리가 아프고 통증이 느껴지기 시작했다. 별일 아니겠거니 하고 며칠을 지나갔는데 이상하게도 다리가 마비 증세가 느껴지며 말라가기 시작했다. 읍에 있는 병원에 가서 진찰을 받고 3일 후 결과를 보러 갔는데 의사도 증상 원인을 모르겠다고 했다.

"나도 원인을 모르겠는데 소견서를 써줄 터이니 가장 큰 병원에 가보십시오."

"대전에서 공부하고 있는데 대전에도 큰 병원이 있습니까?"

"잘 모르지만 아마 있을 것입니다."

학교에 가던 날 시간을 내어 '대전 을지대학병원'을 찾았다. 의사는 이리저리 진찰하더니 며칠 후에 결과를 보러 오라고 했다. 그리고 며칠 후.

"글쎄요. 우리도 모르겠습니다. 병명이 나오지 않았습니다."

집으로 돌아오는 발걸음이 무거웠다. 한 달째 아내가 무릎과 하반신을 마사지해주었다. 감각을 잃어버린 상황이었다. 모교회 성도들도 내 다리를 보고 "왜! 그렇게 말라가느냐?"라고 걱정 어린 어투로 물었다. 마치 바늘로 콕콕 찔러대듯이 무릎이 아팠다. 시간이 지날수록 한쪽 다리가 다른 한쪽 다리와 차이 나게 말라가고 있었다. 한 달여 되었을 때 성령님의 감동이 있었다.

'하나님께 시간을 구별하여 기도하라.'

충남 홍성에서 그 먼 오산리 기도원으로 올라갔다. 3일을 금식 작정하고 동굴에서 이틀째 기도할 때였다. 아주 부드럽고도 분명한 성령님의 감동이 느껴졌다.

"네가 신학생이 아니냐? 나의 일을 감당할 신학생이 무릎을 꿇지 아니하니 내가 네 무릎을 칠 수밖에 없지 않느냐?"

회개와 감사를 동반한 3일간의 금식을 마치고 기도원에서 내려왔다. 그리고 일주일이 지났을 때 언제 그랬었는가 싶을 정도로 다리가 본래 상태로 회복되었다. 그날 이후로 지금까지 기도는 내 삶의 중심이 되었다.

너는 내 것이라

대전에서 신학교 4년을 마치고, 1993년 문산에 있는 고려신학교 대학부에 편입하게 되었다. 마치 수도원과 같은 고려신학교의 합숙 생활은 자유분방했던 나에게 그야말로 영적 풀무와 같은 곳이었다. 학부를 마치고 시험을 거쳐 신학원 과정 1학년에 입학하게 되었다. 그리고 신학교 2학년 2학기를 맞이했을 때였다. 하루는 잠시 영적인 흔들림 속에서 아내에게 이렇게 제안하게 되었다.

"신학교를 그만두고 시골 한적한 곳으로 내려가 소와 양을 키우자!"

아내는 울며 극구 만류했지만 이미 각오한 내 고집을 꺾을 수가 없었다. 아내는 울다가 포기한 듯 "당신이 원하면 그렇게 해요"라고 말했다. 그리고 나는 고려신학교 입소 시간 임박해서 개인 물품들을 넣을 빈 가방을 들고 문산으로 향했다. 학생들은 기말고사 준비에 분주했다. 그날 밤, 나는 홀로 소예배실로 갔다. 캄캄한 의자에 앉아 "주님! 내려갑니다. 오늘이 이곳에서의 마지막 밤입니다"라며 긴 의자에 드러누웠다.

얼마나 지났을까. 밤 9시면 개인적으로 공부하던 학생들이 잠시 30분 정도 쉴 수 있는 휴식시간이 있었다. 아마 그 시간인 듯했다. 문쪽에서 발자국 소리가 들렸다. 누군가 내 곁으로 다가오는 것이었다. 후배인 조성원 전도사였다. 그리고 다짜고짜 말했다.

"선배님! 여기서 무엇하십니까? 다음 주면 시험인데 준비하셔야지요."

"고맙습니다. 좀 쉬고 있습니다."

"그래도 다음 주에 시험인데 가셔서 공부하시지요?"

"괜찮습니다. 전도사님은 가셔서 공부하십시오."

"그럼, 제가 한마디만 하고 가겠습니다. 어떤 목사님이 계셨습니다. 그분이 어느 날 목회를 그만하겠다고 결심하고 차에 가족을 태우고 고속도로에 나왔다고 합니다. 그런데 그때 달려오던 화물차와 충돌하면서 그 자리에서 그만 목사님 일가족이 죽었다고 합니다."

나는 후배에게 그 소리를 듣는 순간 무서우리만큼 온몸이 전율했다. 강력한 전기에 감전된 듯했다. 마치 내가 그 목사님이 되고, 내 가족이 그 사고당한 목사님의 가족이 된 듯한 강렬한 느낌이자 두려움이었다. 그렇게 두려웠던 적도 없었다. 만약 내가 고려신학교에서의 남은 과정을 포기하고 이대로 하산해버리는 순간 후배가 말한 그 일이 내게 그대로 재현될 듯한 강렬한 두려움이 엄습했다. 아니 떨고 있었다고 말하는 편이 좋을 듯싶다. 후배의 말에 나도 모르게 누워 있던 자리에서 몸을 일으켰다. 그리고 후배가 내 손을 붙잡았다.

"앞으로 큰일을 하실 분이 여기서 이러고 계시면 안 되지요."

이 한마디에 나의 눈에서는 이미 주체할 수 없는 눈물이 부끄러운 줄 모르고 쏟아졌다.

"가시지요. 가서 기말고사 준비하시지요."

"고맙습니다. 전도사님 먼저 가십시오. 저는 조금 더 있다 가겠습니다."

그날 참 많이 울었다. 감사해서 울고 또 울었다. 이 못난 죄인 놓지 않으시는 하나님의 사랑과 인자하심 때문에 울고 또 울었다. 눈물을 씻고 열람실로 돌아왔다. 밤 11시, 공부하던 신학생들이 자유롭게 취침을 준비하는 시간이었다. 붓펜으로 글씨를 잘 쓰는 재주가 있던 후배 신필호 전도사가 종이 한 장을 건네주었다. 이사야 43장 1~3절의 내용이었다.

> 야곱아 너를 창조하신 여호와께서 지금 말씀하시느니라 이스라엘아 너를 지으신 이가 말씀하시느니라 너는 두려워하지 말라 내가 너를 구속하였고 내가 너를 지명하여 불렀나니 너는 내 것이라 네가 물 가운데로 지날 때에 내가 너와 함께할 것이라 강을 건널 때에 물이 너를 침몰하지 못할 것이며 네가 불 가운데로 지날 때에 타지도 아니할 것이요 불꽃이 너를 사

르지도 못하리니 대저 나는 여호와 네 하나님이요 이스라엘의 거룩한 이요 네 구원자임이라.

다음 날 새벽 6시에 드린 예배의 본문과 동일했다. 그날 오전 수업을 마치고 곧바로 11시 15분경에 드린 경건회에서도 석원태 목사님이 이사야 43장 1~7절 말씀으로 설교하셨다. 하나님께서 이렇게 3번씩이나 동일한 본문을 통하여 또 나를 붙드셨다. 그날은 온통 울음으로 시간을 보냈다. 회개와 감사의 눈물이었다. 금요일이 되었다. 고려신학교에서 일주일의 모든 수업을 마치고 빈 가방으로 돌아온 나를 보고 아내가 좋아하며 눈물을 글썽거렸다. 이후 지금까지 힘들고 어려운 상황들이 많았으나 주님 곁을 떠나야 한다는 생각은 한 번도 해본 적이 없었다. 물론 천국 가는 그날까지 주님과의 동행은 계속될 것이다.

'하나님! 이 못난 죄인을 통하여 무슨 영광받으실 것이 있으시다고 이렇게까지 사랑하십니까?'

자주 고백하고 거듭 고백하게 되는 신앙고백이다.

아들을 보내주십시오

1989년 대전에서 재학하고 있을 때였다. 어떤 계기를 통하여 하나님 앞에서 러시아 선교를 서원하게 되었다. 그리고 시간은 흘러 1996년 고려신학교 신학원 3년 과정을 마치고 천안에서 부교역자로 사역하고 있을 때였다. 총회(고려) 선교부로부터 잠깐 선교지와 관계된 이야기를 전해 받았다. 하지만 선교지로 가는 문제는 쉽게 결정되지 않았다. 1997년 1월, 선교부로부터 소식을 기다리다가 연락이 없어 선교지에 대한 기도를 포기하고 있을 무렵이었다. 점심 먹고 나간 아들이 집으로 돌아오지를 않았다. 날이 어둑어둑해져가고 있었다. 그날따라 유독 강한 눈바람이 앞을 분별할 수 없을 정도로 세차게 불었다. 나의 마음도 애가 탔지만 아내의 표정을 보니 더했다. 아들은 외아들이었고, 4학년 2학기를 마친 상태였다. 밖을 나가 찾는데도 보일 기미가 전혀 없었다. 당시 유괴 사건이 빈번하였던지라 별별 생각이 다 들기 시작했다.

참으로 신기한 것은, 그 세찬 눈바람 앞에서 아들로 인하여 가슴 졸이며 서 있던 내 머릿속에 지난날 하나님 앞에 러시아 선교를 두고 서원했던 일이 떠올랐다. 그리고 동시에 눈물이 흘러내렸다. 내가 아들을 애타게 기다리는 것처럼 선교지의 영혼들을 찾고 싶다는 하나님의 간절한 사랑을 느꼈기 때문이다.

"주님! 아들을 돌려보내 주십시오. 그러면 선교지로 가겠습니다. 저와 아내가 아들을 애타게 찾는 것만큼이나 하나님께서 저 선교지의 영혼들을 찾아 구원하고 싶어 하시는 그 사랑의 애타는 마음을 알겠습니다. 보내주십시오. 가겠습니다."

하나님께서 하시는 일은 참 신기하다. 이 기도가 끝나자마자 저 멀리 한 건물 모퉁이에서 어떤 아이가 톡 튀어나왔다가 다시 건물 뒤로 사라지는 것이었다. 거리가 멀었지만 분명 아들이었다.

그리고 2분 정도 지났을 때였다. 건물 뒤에서 다시 그 아이가 나오는데 틀림없는 아들이었다. 눈물을 닦고 집으로 들어와 아무 일 없었다는 듯이 하나님께 감사기도를 드렸다.

"주님! 감사합니다. 선교지로 가겠습니다. 길을 열어주십시오."

이 일이 있은 후 6개월 정도 지나게 되었다. 아들이 5학년 1학기를 마쳤을 때 총회 선교부로부터 연락이 왔다.

"우즈베키스탄으로 갈 준비하세요."

1997년 6월 말, 시험을 거쳐 총회로부터 목사와 선교사라는 영광스럽고도 귀한 직분을 받고 8월 15일 우즈베키스탄을 향하여 비행기에 몸을 싣게 되었다.

약하고 천박한 초등학문으로 돌아가서
　　　다시 그들에게 종 노릇 하려 하느냐.

갈 4:9

내아버지의 어부바

김지연

둘째딸 승현이는 4월 30일 심장수술을 했습니다. 나이는 11살, 몸무게는 16kg, 키는 110cm 조금 안 됩니다. 학년은 1년 늦게 들어가 3학년입니다. 3학년이지만 1~10까지의 덧셈도 아직 헷갈려하고 말할 때는 과거, 현재, 미래시제를 구분 못해 잘 들어야 합니다.

작은 천사 승현이

2000년 8월 2kg 조금 넘는 작은 아이로 태어났지만 조산은 아니었기에 정상적으로 며칠 만에 퇴원을 했습니다. 그저 조그맣고 제겐 너무 예쁜 딸이었습니다.

하지만 승현이는 백일이 지나고 5개월이 지나도 목을 못 가누었으며 뒤집지도 못했습니다. 입이 너무 작아 엄마 젖을 빨지도 못해 유축기로 어렵게 모유를 짜서 먹였고 젖이 안 나와 모자라는 모유 대신 분유를 먹였는데 날마다 만성설사로 조그만 엉덩이는 성할 날이 없었습니다. 다른 아이보다 머리가 유달리 커서 그런지 머리는 너무 무거워 보였고 뒤집어놓으면 온몸이 땀범벅이 된 채 울다가 고개를 들어보다가는 바닥에 떨어뜨리고 맙니다. 그렇게 누워만 있다 보니 아토피 피부는 점점 더 악화되었고 등의 피부는 거북 등껍질처럼 울퉁불퉁했습니다. 가려워 몸을 비틀다가 잠들고 괴로워서 또 깨고 밤새 잠 못 자는 승현이를 지켜보는 저의 가슴은 미어졌습니다.

만성설사에 폐렴이 겹쳐 생후 약 6개월부터 입원과 퇴원을 반복하며 독한 항생제를 끝없이 투여해야만 했습니다. 하지만 38도가 넘는 고열은 떨어지지 않았고 종합병원에서 승현이의 병명으로 밝혀낸 것은 심장병 외에는 없었습니다.

발육 부진과 고열, 만성설사, 다른 아이들보다 큰 머리, 피부의 하얀 얼룩 등의 증상을 보이는 승현이의 병명을 밝혀내기 위한 의사선생님들의 노력의 대가로 승현이는 한 마리 어린 실험 양이 되어야만 했습니다. 차마 눈 뜨고 볼 수 없는 수많은 검사를 받았습니다. 혈액 검사, 유전자 검사는 기본이었고, 수면제를 먹고 토하고 먹고 토하고를 반복해서 거의 실신 직전이 되어 뇌 CT 촬영을 했습니다.

발육이 늦어 아직 3kg도 안 되는 승현이는 피도 잘 나오지 않아 허벅지에서 피를 뽑았으며 혈관을 찾을 수 없어 링거를 머리에 꽂아 맞기도 했습니다. 다리에 힘이 없어 서지 못하자 그 이유를 찾기 위해 고문과도 다름없는 근무력증 검사도 받았습니다. 여러 병원과 최고 전문의들이 모여 합진을 했지만 아무것도 밝혀내지 못했습니다.

결국 폐렴 약을 먹여 기침은 가라앉았지만 염증이 사라지면 당연히 떨어져야 할 열은 떨어지지 않았고 뇌의 체온조절 센서에 문제가 있는 것 같다며 현재로서는 원인을 알 수가 없다고 했습니다. 엄마가 원하면 학회지에도 싣고 미국에도 검사를 의뢰할 용의가 있다면서 1차적으로 밝혀진 심장질환은 계속 지켜보자고 했습니다. 승현이는 고문당하는 한 마리 어린 양처럼 울다 지쳐 목소리는 쉬어서 소리조차 나오지 않았습니다. 그렇게 승현이와 저는 고통스러운 병실에 갇혀 죽어가고 있는 듯했습니다.

예수님의 십자가 고통이 생각났습니다. 근무력증 검사를 한다며 마취도 하지 않은 생살에 바늘을 찔러 넣고 전기자극을 줄 때면 승현이의 울부짖는 눈에는 핏발이 서고 그 발버둥치는 몸을 붙잡고 있는 제 심장은 그대로 터져 죽을 것만 같았습니다. 심장으로부터 솟구치듯 올라오는 눈물은 그야말로 피눈물이었습니다.

눈두덩이 전체가 빠져버릴 것 같은 쓰라림, 심장이 슬픔을 이기지 못해 파열될 것만 같은 고통, 코와 입이 막히지도 않았는데 숨을 쉴 수 없는 답답함과 절망감…. 예수님의 십자가 못 박히심이 이러하셨을까 생각했습니다.

날개 잃은 인생

"아버지! 아버지! 이제 그만 승현이를 차라리 데려가주세요. 제 목숨과 바꿀 수 있다면 바꾸어주시고 이제 그만…. 이제 저 아이 그만 고통스럽게 할게요. 살기 위해 들어온 것이 아니라 고통스럽게 죽기 위해 들어온 것 같은 이 병원을 이제는 나가야 할 것 같아요."

피부조직 유전자 검사 등 마지막으로 몇 가지 검사만 해보자 했지만, 어쩌면 3살을 넘기지 못하고 사망할 수도 있다는 말도 들었지만, 저는 더 이상의 검사를 거절했습니다.

체온조절 센서가 고장 나도 상관없고, 못 걸어도 상관없고, 머리가 커도 상관없고, 이제 그만 고통스럽게 하고 싶었습니다. 폐렴 치료 이상의 치료는 아무것도 하지 않기로 결심하며, 종합병원의 전문성과 의사선생님들의 말에 종노릇하던 저는 하나님 앞에 다 내려놓았습니다.

"죽이시든 살리시든 주님 뜻대로 하소서."

"이제는 너희가 하나님을 알 뿐 아니라 더욱이 하나님이 아신 바 되었거늘 어찌하여 다시 약하고 천박한 초등 학문으로 돌아가서 다시 그들에게 종 노릇 하려 하느냐(갈 4:9)" 하는 말씀이 제 가슴을 파고들었습니다. 큰아들 태현이 키울 때 감기만 들어도 가슴이 아파 못 보던 마음 약한 저에게 승현이의 고통을 지켜보는 것은 차마 이 세상 말로는 표현할 수도 없는 고통이었습니다. 예수님의 처절한 십자가밖에는 떠오르는 것이 없었습니다.

승현이로 말미암아 큰아들 태현이는 버림받은 바 다름없는 유아기를 보냈고 어린이집 원장님은 애정 결핍으로 인한 태현이의 우울증을 걱정했습니다. 엄마 앞에서는 가슴 아파도 안 아픈 척하고, 울어도 엄마 모르게 등을 돌리고 울다가는 제가 부르면 웃음

짓는 착한 태현이가 참다가 참다가 결국 마음의 병을 얻은 것이었습니다. 이미 우리 가정은 남편 건강, 내 건강, 물질과 관계까지 다 내려놓게 하셨는데 이제 마지막으로 자녀들까지 내려놓게 하셨습니다.

결혼한 지 1년도 안 되어 저의 간 수치가 250이 넘으며 간경화의 위험이 있으니 절대 안정을 요구했습니다. 임신도 절대로 안 된다고 하였습니다. 술을 마시지도 않았고 도대체 제가 왜 이렇게 아파야 하는지도 모른 채 머리카락은 손가락 사이로 한 움큼씩 빠져나갔으며 몸무게는 34kg까지 빠졌습니다. 그러던 중 시댁과의 관계는 더욱 안 좋아졌고 남편과의 관계도 어렵게 되던 어느 날 밤, 갑자기 남편의 기침이 심해지기 시작했습니다. 남편은 고열로 몸을 가누지 못했고 결국 응급실로 실려갔습니다. 폐결핵 진단이 떨어지고 절대 안정이 요구되었습니다. 시댁에서는 몸이 아픈 제가 남편을 돌볼 수 없다며 남편을 시댁으로 데리고 갔고 별거생활이 시작되었습니다.

넉넉하지는 않았지만 소위 말하는 강남 8학군의 중고등학교를 졸업했고 대학원을 다니다가, 착한 남편을 날개 없는 천사라고 여기면서 하나님께 감사하며 결혼했고 장밋빛 인생을 꿈꾸었습니다. 하지만 하나님께서는 저희 가정을 계획 속에 두시고 연단을 시작하셨던 것입니다. 남편과의 별거로 덩그러니 혼자 남겨진 병들고 외로운 제가 갈 곳이라고는 하나님 앞밖에 없었습니다.

히스기야의 기도처럼

드디어 하나님과의 깊은 교제가 이루어지는 놀라운 역사가 시작되었습니다. 슬픔과 외로움에 지쳐 날마다 교회에 갔고 주일예배뿐 아니라 모든 공예배는 다 출석하였습니다. 설교말씀이 길면 길수록 좋았고 예배가 늦게 끝나면 끝날수록 좋았습니다. 수많은 성도 사이에 앉아 하나님 말씀을 들으며 날마다 날마다 울었습니다. 마치 목사님이 수천 명의 성도가 아닌 바로 저에게만 하시는 말씀처럼 제 가슴에 말씀이 박혔고 예배 때마다 말씀으로 인도하시는 하나님의 인도하심을 세밀하게 느낄 수 있었습니다.

정말 놀라운 경험이었으며 날마다 성령님께서 한 발자국씩 다음 발자국을 일러주셨습니다. 혼자인 제가 부끄럽지만 구역예배도 빠지지 않았으며 따뜻한 구역 식구들의 사랑 속에서도 하나님의 역사하심을 느낄 수 있었습니다.

그러던 어느 날 하나님께서 히스기야의 말씀(왕하 4:1~10)을 읽게 하셨고 강권적인 인도하심 따라 벽을 향해 얼굴을 두고 손을 들고 기도하게 하셨습니다. 너무도 강하게 인도하셨기에 저는 순종하며 벽에 팔을 올려 기댄 채 기도했습니다. 그러던 어느 날 밤 심한 고열 감기로 응급실에 갔고 의례적인 혈액 검사를 했는데 간 수치가 정상이라는 간호사의 말에 제 귀를 의심했습니다. 언제 치유되었는지 알 수 없었지만 그 사실을 모르고 있던 저에게 고열로 병원에 가게 하시고 제 귀로 확인시켜주신 하나님의 인도하심에 감사의 눈물밖에 나오지 않았습니다. 저는 그때 깨달았습니다. 하나님의 역사하심, 성령님의 인도하심 따라 히스기야의 기도를 시키셨고 제 목숨을 살리셨다는 사실을.

남편은 남편대로 폐결핵 진단을 받은 후 갑자기 의식이 희미해져 중환자실로 갔고, 급하게 심방 오신 부목사님의 기도 중에 회개의 눈물을 흘리며 몸이 씻은 듯 가벼워져 회복실로 가게 되는 하나님의 치유의 역사를 경험했습니다.

이렇듯 이미 신혼 때 하나님께서는 저희 두 사람의 건강과 관계를 통하여 하나님께로 더 가까이 나아오기를 원하셨습니다. 그렇게 회복된 저에게 '평화'의 아들을 약속해주셨습니다. 너무도 아름답고 성품이 좋은 아들을 주신 하나님께서는 날마다 더욱 세밀하게 우리 가정을 향해 무언가 말씀하고 계셨습니다.

하지만 우매한 우리 부부는 더 깊은 하나님의 뜻을 헤아리지 못했습니다. 물질의 어려움은 계속되었고 우리 가정이 하나님 안에 있다고 하지만 우리 부부는 무언가 하나님의 큰 뜻을 깨닫지 못하고 안개 속을 헤매는 듯했습니다. 그러던 중 승현이를 잉태케 하시고 확실한 하나님의 뜻을 나타내기 시작하셨던 것입니다.

내 모든 것을 만지시다

남편도 관계도 물질도 목숨까지도 다루시던 하나님은 이제 승현이를 마지막에 내려놓게 하시며 내 모든 것을 하나님 앞에 가져가게 하셨습니다. 내 인생도, 내 남편도, 착한 아들도, 예쁜 딸 승현이도.

하나님께서는 느부갓네살 왕을 낮추시어 짐승처럼 헤매게 하셨던 것처럼(단 4장), 제게도 강권적이고 주권적인 하나님을 고백하고 두려우신 하나님을 고백하게 하셨습니다. 저는 사랑 그 자체이신 하나님을 갈구하며 마지막으로 새벽마다, 철야기도마다 울부짖으며 하나님께 매달렸습니다. 남양주로 이사 왔기 때문에 서울의 본 교회를 나가지 못하고 집에서 가까운 개척교회에 나가서 기도했습니다. 사랑이 많으신 목사님께서 거의 매일 우리 집에 오셔서 간절히 기도해주셨고 양 떼의 고통을 그대로 느끼시며 간절히 기도해주셨습니다.

"하나님, 다 내려놓습니다. 제발 승현이를 살려주세요."

내려놓는다면서 다시 승현이를 살려달라고 애원하는 제 기도는 피를 토하는 기도가 되어 몇 시간을 울부짖었습니다. 그때 갑자기 성령님의 음성이 커다랗게 들려왔습니다.

"네가 네 딸 승현이를 사랑하느냐?"

"네, 아버지! 저 어린 딸을 사랑합니다. 제발 살려주세요."

"네가 네 딸 승현이 때문에 가슴이 아프냐?"

"네, 아버지! 미칠 것만 같아요. 심장이 터지고 혈관이 다 터져 죽을 것만 같은 고통이에요."

"딸아, 네가 네 딸 승현이를 사랑하는 것보다 내가 너를 백 배 천 배 더 사랑한다. 네가 네 딸 승현이로 말미암아 가슴 아픈 것보다 내가 백 배 천 배 더 가슴 아프다. 걷지 못하고 자라지 못하는 승현이처럼 너의 성장하지 않는 믿음을 보는 내 가슴이 더 아프단다. 딸아."

그날 밤 저는 하나님의 음성을 들어버렸습니다. 그리고 일생 그렇게 운 적이 없었습니다. 승현이를 살려달라는 기도가 아닌 회개의 기도가 그날 밤 저를 통곡하게 만들었습니다. 저를 사랑하시는 하나님 앞에 피를 토하는 회개의 기도로 밤을 지새웠습니다.

그날 이후 하나님과의 놀라운 참된 교제가 시작되었고 모든 상황은 어렵고 힘들지만 하나님의 위로와 말씀으로 견뎌나 갈 수 있었습니다. 이제 사람과 환경을 보지 않고 하나님께서 주시는 놀라운 위로 말씀이면 평안하게 견딜 수 있는 힘이 생겼습니다. 24시간 하나님과 교제했고 잠 못 드는 밤이면 보혜사 성령님의 따뜻한 사랑 속에 1시간을 1분처럼 견딜 수 있었습니다.

그러던 2003년 어느 날, 승현이가 4살 때 본 교회주보에 다음 주 어린이주일 행사로 세족식이 있다는 광고가 났습니다. 작정기도를 하라는 세미한 성령님의 인도하심 따라 일주일 동안 작정기도를 했습니다. 그리고 탁아부 예배에서 세족식을 하게 되었습니다. 아이들이 많은 관계로 한 아이당 10~15초 정도 기도받으며 세숫대야에 발을 담갔다 빼는 세족식이 빠르게 진행되었습니다.

그 후 집으로 돌아와 승현이를 눕혀놓고 설거지를 하고 있었는데, 그 당시 큰 방 하나에 넓은 부엌이 있는(넓은 창고를 개조해서 만든 허술한 곳) 집이었는데 방의 턱이 너무 높아 앉은뱅이처럼 엉덩이를 밀고 다니는 승현이에게는 무척 불편했습니다. 다른 사람들에게는 앉은뱅이 같은 승현이가 이상해 보였겠지만 저에게는 그 자체로도 너무나 감사한 일이었습니다. 뒤집기도 못하고 목도 못 가누던 승현이가 얼마나 오랫동안 등으로만 누워서 밀고 다녔는지….

다리를 세우지 못하는 승현이는 어부바를 못했습니다. 업으려면 아이가 엄마 등에 다리를 펴고 서야 하니까요. 이랬던 승현이었기 때문에 엉덩이로 앉아서 밀고 다니는 것만 해도 저에게는 큰 행복이었습니다.

그런데 어디선가 낑낑거리는 소리가 났고 순간 저는 까무러치듯 놀랐습니다. 승현이가 힘없고 뼈도 없는 것처럼 흐물거리던 다리를 세우고 손으로는 땅을 짚고 다리를 세워 기는 모양으로 그 높은 문턱을 넘고 있었습니다.

"오, 아버지!"

앉은뱅이가 일어섰다는 성경의 말씀을 눈앞에서 지켜보며 기쁨의 눈물을 흘리면서 "할렐루야, 아버지 감사합니다!" 하고 소리쳤습니다. 그렇게 승현이는 생애 처음으로 일어섰고 그제야 어렵게 다리로 기어 다니며 다리 힘을 키워갔습니다. 다른 아기들이 걸음마를 연습하듯 연습했고 5살 때에 비로소 제대로 걷게 되었던 것입니다.

이제 승현이는 11살이 되었지만 5~6살 아이처럼 연약하고 작습니다. 그리고 아직 심장의 구멍은 그대로 있기 때문에 이번에 하나님의 인도하심 따라 심장수술을 계획하고 있습니다. 너무 많이 아팠고 너무 많은 항생제와 약을 먹었고 너무 많은 검사로 고통당했고 아직 말하고 생각하는 것이 유치원생같이 어리고 체계적이지 못합니다. 하지만 머리 크기도 어느새 작아졌고 원인도 모르게 지속되던 38도 고열이 정상 체온을 찾았으며 그 시련의 과정 속에서 저를 비롯한 모든 집안의 식구가 온전한 믿음의 사람들로 세워져 갔습니다.

무엇보다도 남편은 오랜 하나님의 부르심과 기다리심을 깨닫고 신학대학원을 졸업했고 이제 목사 안수를 받은 지 2년, 개척교회를 담임한 지 3년이 됩니다. 바로 남편이 하나님 앞에 주의 종의 길을 가겠다고 결단하고 저 또한 사모의 길을 감당하겠노라 약속했던 그해에 승현이가 일어섰습니다. 에스겔 골짜기의 마른 뼈들이 생명으로 일어선 것처럼.

주변 사람들이 '개척교회라 어렵겠다', '힘든 목회의 길 가느라 애쓴다'며 안타깝게 보시고, 교회의 월세 문제 등 재정적인 어려움이 있으며, 사택이 없어 교회 한쪽에 유아실을, 평일에는 사택으로 사용하는 등, 크고 작은 목회의 어려움과 생활의 어려움이 버겁고 힘들 때도 있지만, 저는 지금이 가장 행복합니다.

날마다 하나님께서 함께하시고 두 아이들을 통해 역사하시는 그분의 놀라운 음성을 들을 수 있어서 행복합니다. 지금껏 인내로 잘 참고 제 자리를 든든히 지켜준 평화의 아들 태현이와 찬양의 달란트로 밝고 밝은 기쁨의 찬양을 올리는 승현이가 있어서, 이 세상 누구보다도 행복합니다.

이제 하나님께서 마지막 남은 승현이의 심장을 온전케 해주시길 간절히 소망하고, 하나님께서 우리 가정에 맡기신 사명을 온전히 감당하길 바라며, 이 시대에 깨어 있는 정결한 종, 모든 어그러졌던 사람들이 구습을 버리고 새 길로, 생명의 길로 나아갈 수 있도록 인도하는 '새길교회'가 되기를 간절히 소망하면서 오늘도 하나님께 영광을 올려드립니다.

승현이 육아일기

2003년 8월 20일

제목: 어부바한 날

여름도 벌써 한풀 꺾이고 아침저녁으로 찬바람이 부는 게 계절의 변화를 느끼게 하는 요즈음이다.

오늘도 오전 내내 비가 오더니 지금은 쟁쟁거리는 매미 소리와 함께 늦여름을 실감케 한다. 나무들이 비에 흠뻑 젖어 싱그러운 열대우림의 냄새가 난다. 고추들은 빨갛게 익어가고 밤송이는 가을을 기다리는 듯 여린 가시들을 곧추 세우고 있다. 가끔씩 불어오는 먼지 냄새 없는 바람이 아득한 포근함마저 느끼게 한다.

유치원에서 돌아온 태현이는 동네 친구가 부르는 소리에 후다닥 나가버리고 승현이는 또 혼자가 되었다. 승현이와 잘 놀아주는 오빠지만 낮에는 통 승현이 차지가 되질 않는다. 한바탕 울음을 터뜨릴 기세로 나를 올려다보더니 "어부바, 어부바!" 하고 보챈다.

혹시나 하는 마음에 승현이에게 내 등을 내밀었다. 네 발로 기는 것이 힘에 버거운지 앉은 자세로 엉덩이로 밀면서 다가왔다. 안타까운 마음에 덥석 안아주고 싶었지만 나는 여전히 등을 돌리고 승현이를 기다렸다. 승현이의 고사리 같은 손길이 내 등에 느껴지고 허리춤에서 등 중간으로, 그리고는 다시 등 윗부분으로, 그리고는 그 조그만 손이 내 목덜미를 끌어안고 있었다. 다리에 힘을 주고 서 있느라 승현이 손톱이 내 살갗을 누르고 내 가슴에도 승현이의 작은 손톱자국처럼 아련함이 박혔다.

그렇게 '어부바'에 성공한 우리는 대문 밖을 나섰다. 비에 깨끗이 씻긴 진한 초록 잎들의 흔들거림이 내 마음의 울렁거림 같았다. 가슴속에서부터 솟구치는 기쁨과 감사가 눈시울을 뜨겁게 했다. 익은 고추의 붉은 빛깔이 너무 고왔다. 연방 웃고 있는 승현이의 함박꽃 같은 밝음이 너무 예쁘다.

동네 한 바퀴 산책한 것에도 세상을 다 가진 양 행복해하는 승현이를 보면서 오늘도 내 마음의 욕심의 눈높이를 낮추려고 노력한다. 진정 마음이 가난한 사람이 될 때에 더 많은 행복이 우리 곁을 찾아오는 틀림없는 진리를 오늘도 깨닫는다.

오는 길에 나무에서 떨어진 매미 한 마리가 보였다. 한여름 동안 자신의 할 바를 마치고 자연의 품으로 돌아가는 그 모습이 아름다웠다. 사람들에게 밟히지 않게 길섶으로 살포시 옮겨주었다. 매미 소리가 더욱 귀에 쟁쟁하다.

주의 손이 나를 인도하시며
　　주의 오른손이 나를 붙드시리이다.
시 139:10

터널

김현국

나의 가는 길을 오직 그가 아시나니 그가 나를 단련하신 후에는 내가 정금같이 나오리라(욥 23:10).

"여보! 나 어때? 와이셔츠와 넥타이가 좀 이상한 거 같지 않아?"

선교를 몇 달 앞둔 시골집, 갑작스런 수요예배 설교 부탁으로 나는 요란을 떨었다. 아내가 만삭인지라 출산하면 시골 방문이 힘들 것이라고 생각한 우리는 부모님을 만나 뵙고 고향 교회에 기도 요청을 하기 위해 힘든 여행을 결정하였다. 우리의 형편을 아시는 목사님께 개인후원자 모집을 위해 수요예배를 부탁받았고 기꺼

이 준비하여, 느헤미야의 이스라엘을 향한 거룩한 부담감, 눈물에 대해 그리고 우리의 부르심과 사역지의 비전에 대해 힘껏 증거하였다.

설교를 마치고 집으로 돌아왔는데 임신한 아내가 8월의 무더위 때문에 너무 힘들어하였다. 그리고 계획에 없었던 형님네 식구들과 동생이 서울에서 내려와 있었다. 예배 참석으로 식사를 못했던 터라 부랴부랴 식사를 마치고 함께 담소를 나누었다. 그런데 아내가 날씨도 덥고 사람도 많아서 그런지 잠자리가 불편할 것 같다며 밤 시간인데도 불구하고 수원에 있는 집으로 올라갔으면 좋겠다고 말했다. 밤에 운전을 거의 안 하는 편이라 처음에는 아침에 가자고 만류하다가 만삭인 아내의 부탁에 못 이겨 모두에게 인사를 드리고 차에 올랐다.

그렇게 집을 나선 지 5분도 채 지나지 않아 차에 이상이 생겼다. 산업도로에 진입하자마자 생긴 일이었다. 산업도로는 주로 밤 시간에 큰 화물차들이 많이 다니므로 나는 급히 차에서 내려 차를 갓길로 밀기 시작했다. 그런데 저 멀리에서 오는 트레일러 화물차가 갑자기 눈에 들어왔다. 조금 이상한 듯 보여 온갖 수신호를 다 보냈지만 속도를 줄이지 않고 전진해오는 것이 아닌가. 급한 마음에 다시 힘을 다해 차를 갓길로 밀어보았지만 이미 그 화물차는 아내가 타고 있던 차를 덮치고 말았다. 나는 "안 돼!"라는 비명을 지르고 튕겨져나갔다. 차에 있는 아내를 생각하고 급히 일어나 멀리 형체를 알아볼 수 없을 정도로 일그러진 차를 향해 달렸다. LPG 차량인지라 트렁크에서는 가스가 새어나오고 있었다.

문을 열어야 했다. 그런데 놀랍게도 하나님은 아내가 타고 있던 자리의 문이 찌그러짐 없이 열리게 예비해놓으셨다. 나는 가스 누출로 인해 차가 언제 터질지 모른다는 생각에 의식을 잃고 쓰러져 있는 아내를 온 힘을 다해 밖으로 끌어냈다. 아내를 밖으로 끌어내고 보니 겉으로는 아무런 상처가 없었다. 더욱 놀라운 것은 무테안경을 쓰고 있었는데 안경테도 상함이 없이 그대로 있는 것이 아닌가. 나는 아내를 흔들어 깨웠다. 그러나 아내는 짧은 신음만 냈을 뿐 눈은 뜨지 않았다.

실낱 같은 빛이 보이다

언제였는지 기억은 없지만 지나가던 사람들이 신고를 해주어서 구급차를 타고 제일 가까운 의료원으로 향했다. 의료원에 도착하여 CT 촬영을 하고 그에 따른 응급처치를 받았다. 그러나 결과는 여기서는 할 수 없으니 빨리 3차 병원인 대학병원으로 이송하라는 것이었다. 구급차로 급히 옮겨 대학병원으로 향했다. 가는 길은 50분 정도 소요되는 장거리였다. 그런데 이송 도중 머리를 다쳤던 터라 음식물을 계속 토하고, 호흡 맥박은 40까지 떨어지는 등 매우 위급한 상황이었다. 응급처치하던 간호사는 토한 부유물 때문에 산소 호흡기를 제대로 사용할 수 없어 이송 도중 사망할 수 있다고 말했다. 그리곤 다시 의료원으로 돌아갈 것인지 계속해서 3차 병원으로 이송할 것인지 물었다. 돌아가면 영원히 소망이 없을 거라 생각하고 대학병원으로 향했다. 그렇게 생사의 고비를 넘기며 자정이 조금 넘은 시간에 도착했다. 그런데 대학병원 도착 후 다시 검사한 내용과 의사 소견은 나를 절망으로 이끌었다. 뇌출혈 압력이 너무 세고 이미 숨골이 막혀 신체의 모든 기능이 상실되어가고 있으며 수술은 불가하다는 것이었다. 응급실 한쪽에서 죽어가는 아내를 바라보면서 정신이 혼미해졌다. 그리고 뱃속의 아이.

의료진이 소집되고 무슨 결정이라도 내린 듯 내게 다가와 하는 말이 "엄마는 할 수 없더라도 급하게 맥박이 뛰고 있는 뱃속의 아이라도 살립시다"라고 권유 아닌 권유를 하였다. 그런데 아이를 위해 제왕절개 수술을 하면 아내는 바로 사망한다고 말하였다. 나는 고민에 빠졌다. 첫째 아이를 6개월에 유산하고 어렵게 1년을 기다려 얻은 아이인데, 아내를 먼저 수술하면 아이는 죽고, 아이를 먼저 수술하면 아내는 죽고. 아내인가, 아이인가?

다시 한 번 의사를 찾아가 아내의 수술 여부를 물었지만 강하고 단호하게 "아니, 이미 가망이 없는데 왜 미련을 못 버리십니까? 아이는 어떡합니까? 아이는 살려야 하지 않겠습니까?"라고 말했다. 그러고 나서 아내가 누워 있는 응급실로 가서는 휴지를 조금 찢더니 보란 듯이 눈동자를 살짝 긁어 보였다. 동공의 모든 반사 신경이 죽었다는 것이다. 이제는 결단하라는 것이었다. 그때 시계는 새벽 3시를 가리키고 있었다. 시골 교회의 목사님도 사고 소식을 듣고 단숨에 달려와서는 의사와 상담 후 나를 안아주시며 말했다.

"이제 결정을 내려야겠다."

나는 늘 아내에게 말했었다. 우리 가족이 배를 타고 가다가 풍랑을 만나 물속에 전부 빠지더라도 아이들에게 미안하지만 나는 아이들보다 당신을 먼저 구할 거라고. 왜냐하면 아이들은 다시 낳을 수 있지만 당신이 없으면 모든 것을 잃는 것이라고 말했었다. 갑자기 그 생각과 함께 우리를 부르신 하나님의 인도하심을 생각하게 되었다. 나는 무엇에 홀린 듯 의사에게 걸어가 아내의 수술을 부탁했다. 아니 명령했다. 그 표현이 옳다. 의사는 버럭 화를 내며, "실은 나도 크리스천이고 아내가 지금 임신 5개월인데, 내가 지금 보호자 같은 상황이라면 아이를 선택하고 수술을 했을 겁니다. 그렇지 않아도 힘들어 죽겠는데 이미 죽은 사람을 수술시켜야 되겠습니까? 누구 연습시킵니까?"라고 말했다. 그리고는 아내의 머리카락을 날쌘 면도날로 밀더니 이내 아내의 침대를 끌고선 수술실로 들어가버렸다.

시골 교회 목사님과 사모님, 어머님과 동생, 누나, 그리고 소식을 듣고 내려오신 장모님까지 우리는 중앙수술실 앞에서 하나님께 목이 터져라 기도밖에 할 수 없었다. 누구의 시선도 어느 누구도 들어오지 않았다. 오직 면도날에 하얗게 속살이 보이던 머리, 서서히 죽어가던 아내, 언제나 긍정적으로 위로해주고 뒤늦게 시작한 신학 공부를 말없이 지원해준 아내가 불쌍했다. 부유물로 엉킨 긴 머리카락을 부둥켜안고 울고 또 울었다. 울고 기도하고 울고 기도하고, 하나님 나라를 위해 이제 곧 선교도 나갈 것이고, 며칠 후면 단기팀을 데리고 라오스로 나가야 하는데….

얼마나 지났을까. 안내 방송이 나왔다. ○○○ 씨 보호자는 지금

신생아 중환자실로 오라는 것이었다. 아니 아이가 어떻게 살아 있는가? 수술시 사망 동의서에 서명하지 않았는가? 나는 신생아 중환자실로 달려가 온갖 줄에 의존한 채 가쁜 숨을 내쉬고 있는 아이를 보았다. 너무 감사하고 미안했다. 다시금 아이를 뒤로 하고 수술실 방향으로 발길을 돌렸다. 8시간의 수술을 마치고 아내는 중환자실로 옮겨졌다. 수술 후의 얼굴은 몰라볼 정도로 부어 있었고, 아내도 아이와 마찬가지로 온갖 줄에 의존한 채 생명을 이어가고 있었다. 수술 후 면담에서 의사는 다시금 고비와 위기가 있을 것이라고 말했다.

"오늘이 고비입니다. 위에 있는 출혈은 막았는데 밑에서 올라오는 출혈은 수술이 불가능하기 때문에 출혈이 계속되면 사망하게 됩니다."

나는 급하게 병원 원목실의 기도처를 찾아 하나님께 기도했다. 그것밖에는 아무것도 할 수 없었다. 하루가 지나고 이틀, 삼 일… 긴장의 시간은 계속었다. 시간이 지나면서 아내의 얼굴은 눈이 보이지 않을 정도로 부어올랐고, 출산 후 젖몸살로 열이 40도를 넘나들고 있었다. 건강한 사람도 젖몸살은 정말 아프고 힘들다 하던데, 두 가지를 함께 견뎌내야 하는 아내가 너무나 안쓰러웠다.

나는 신생아 중환자실과 아내가 있는 중환자실을 오가는 것과 원목실에서 기도하다가 지쳐 잠들기를 반복하였다. 한 주가 지난 후 눈을 깜박이며 사람을 알아보는 듯하여 담당 의사에게 상담하며 회복 여부를 물었다. 그러나 의사는 그건 단지 몸의 신경이 움직이는 현상일 뿐 반응하는 것은 아니며, 길어야 몇 달이지만 정말 살더라도 평생 누워서 누구도 알아보지 못한다는 것이다. 하지만 내 마음속에는 안정과 평안함이 찾아왔다. 그것은 하나님으로부터 오는 평안함이었다.

"하나님이 살아계시긴 한가보다. 걱정하지 마라. 하나님이 깨어나게 해주실 것이다."

사고 직후 사고 차량을 견인해갈 때 외숙모께서 하신 말씀이다. 종갓집 며느리로 그렇게 복음을 받아들이지 않는 외숙모께서 아내가 타고 있던 자리만 찌그러지지 않았던 것을 보신 것이다. 원목실에서 밤새 기도하다가 지쳐 잠들기를 한 주간, 하나님은 확신의 말씀을 주셨다.

두려워 말라 내가 너와 함께함이니라 놀라지 말라 나는 네 하나님이 됨이니라 내가 너를 굳세게 하리라 참으로 너를 도와주리라 참으로 나의 의로운 오른손으로 너를 붙들리라(사 41:10).

속으로 "정말입니까?" 하며 너무 기뻐 병원 휴게실에 마련된 PC를 찾아 파송국에서 협력할 선교사님께 메일을 보냈다.

나의 사랑 라오스

갑작스러운 사고로 동행하지 못해서 못내 아쉬웠습니다. 다녀오신 분들에게서 감사하게도 준비한 것들이 유용하게 잘 사용되었다 들었습니다. 이번 사고를 통하여 하나님의 인도하심과 살아 계심을 체험합니다. 피할 길을 여시고 생명을 주관하시는 이는 바로 하나님이심을 병상에서 묵도하고 감사하고 있습니다. 소식 듣고 많이 놀라셨을 줄로 압니다. 많은 분이 밤낮으로 기도해주셔서 하나님께서 더욱 저희 가정을 사랑해주시고 자비를 베풀어주시는 것 같습니다. 아이는 신생아 중환자실에 있었는데 퇴원해도 될 만큼 좋아져서 내일 퇴원을 할까 합니다. 수술 때 사용한 약물이 아이의 성장에 어떤 영향을 줄지는 모르지만 모든 것을 주님께 맡기며 감사하고 있습니다.

아내는 지금도 의식이 없습니다. 눈을 크게 뜨고 다른 곳을 연방 쳐다보는 듯하는데 사람들과 눈을 맞추지는 못합니다. 빠르면 이번 주에 광주에서 서울 쪽으로 병원을 옮길 계획입니다.

저는 지금 평안합니다. 그리고 확신이 있습니다. 계속해서 마음에 평강이 있고 감사가 있습니다. 어제 저녁 병원 원목실에서 기도하고 잠을 청하는데 마음속에 하나님의 위로가 충만했습니다. 하나님께서는 저희 가정을 사랑하셔서 치료하시고 다시 일으키셔서 하나님의 복음의 도구로 들어 쓰신다는 위로의 말씀이었습니다.

"사랑하는 아들아, 내가 너를 사랑한다. 염려하지 말고 두려워 마라. 내가 사랑하는 딸을 굳세게 할 것이다. 치료할 것이다. 너희 가정을 들어 쓸 것이다. 나는 너의 하나님이 됨이라."

선교사님, 사모님! 기다리세요. 저희 가정이 라오스로 달려갑니다.

센터에 하나님의 은혜가 충만하길 원합니다.

_김현국 올림

많은 사람이 오셔서 아내를 면회하고 많은 교회가 함께 더불어 기도하며 원목 목사님이 매일같이 아내를 찾아 기도를 해주셨지만, 상황은 아무것도 바뀌지 않았다. 기관지 절제 수술을 받아 호스를 꽂았지만 여전히 호전되지 않았다. 그렇게 2주가 지났을 때 우리의 의사와는 상관없이 아내는 일반 병실로 옮겨졌다. 이유인즉 응급처치 및 위급 단계는 지났으니 다른 위급 환자들을 받기 위해 옮겨야 하고, 이송 컨디션이 되면 2차 병원으로 옮겨야 한다는 것이다. 참으로 화가 났지만 할 수 없었다.

아기는 30분 이상 약물이 투여되면 이상 반응을 일으키거나 또는 사망하게 되지만 하나님께서는 아내가 수술하는 동안 아기를 지켜주셨다. 아내와 아기의 병실을 오가며 아내에게는 아기 얘기를 아기에게는 엄마 얘기를 해주며, 임신 중 불러줬던 찬양을 불러주곤 했다. 아기는 몸에 달고 있던 줄들이 하나씩 없어지고, 2주가 지나서는 퇴원할 수 있었다. 이름은 첫째는 비록 유산되었지만 믿음, 소망, 사랑으로 이름을 지어놓고 기도했던 우리라 둘째를 소망이라 지었다. '김소망' 하나님이 주신 선물, 하나님이 지켜주신 위로와 희망이었다.

병실로 옮긴 후 출산으로 인한 하혈과 젖몸살로 아내는 고열과 싸워야 했다. 세 번째 주일을 맞았다. 간절히 예배드리고 싶었다. 어떻게든 아내와 함께 가서 예배드리고 싶었다. 병원에서 안면이 있던 분들의 배려로 침대 휠체어를 빌려 두세 사람이 아내를 침대 휠체어로 옮겨서 예배실로 갔다. 목사님 말씀은 '이 뼈들이 능히 살겠느냐'는 에스겔 37장 1~14절의 말씀이었다. "지금도 동일하게 세상 사람들이, 의사들이 우리를 보고 가망이 없고 희망이 전혀 보이지 않는다 하더라도 믿음으로 말씀에 아멘하고 순종하며 나아가면 하나님의 역사는 일어날 것입니다"라는 말씀이 온몸 깊이 사무쳤다. 나는 "아멘! 아멘!"으로 대답하고 듣는지도 모를 아내의 귀에 대고 말했다.

"여보, 하나님께서는 당신을 꼭 일으켜 세우셔서 우리를 부르신 땅, 라오스로 보내주실 거야!"

인도하심

보라 내가 새 일을 행하리니 이제 나타낼 것이라 너희가 그것을 알지 못하겠느냐 반드시 내가 광야에 길을 사막에 강을 내리니 (사 43:19).

일반 병실로 옮기고 며칠이 지난 후 우리는 서울로 이동하기로 했다. 3시간 넘게 차를 타야 하기에 걱정이 앞섰지만 서울로 옮기는 편이 훨씬 좋을 것 같았다. 전원을 결정하자 집안 식구들의 병원 추천이 이어졌다. 우리나라의 유명한 병원은 모두 거론되는 듯싶었다. 그리고 결정된 곳은 서울대학병원이었다. 월요일 아침으로 예약을 해놓았다고 해서 우리는 새벽녘에 출발해야 했다. 휴일이어서 어렵사리 퇴원 절차를 마치고 이송 구급차를 타고 서울로 향했다.

그런데 가는 도중 병원 예약이 잘못되었다는 전화를 받았다. 상황이 뜻대로 되지 않아 화가 났지만 어떻게 할 수 없었다. 이미 퇴원은 했고, 차를 돌릴 수도 없는 상황이었다. 나는 안산에서 사업을 하는 매형에게 급히 전화해서 사정을 이야기했다. 매형은 염려하지 말라며, 쉽게 안산 고대병원으로 연결해주었다. 안도의 한숨을 쉬고 마침내 병원에 도착하였다. 그런데 이미 3차 병원에서 치료를 마치고 온 환자는 2차 병원으로 가야지 자기 병원에서는 받을 수 없다고 응급실 담당 외과 의사는 완강히 거부했다. 자기의 승인 없는 입원은 불가하다는 것이다.

이게 또 무슨 일인가. 이미 오랫동안 차를 타고 와서 더욱 힘들어하는 아내를 또 어디로 옮겨야 한다는 건가. 국민의료보험공단에서 일하시는 교회 집사님이 생각났다. 급히 그 집사님께 전화를 걸어 상황을 말씀드렸더니 3차 병원은 모두 똑같을 거라며, 영등포에 있는 신경외과 전문병원을 소개시켜주었다.

아내를 다시 이송 구급차에 태우고 사이렌을 울리며 영등포로 향했다. 병원에 도착하니 의료진이 연락을 받았다며 응급실 앞에 대기하고 있었다. 이제 좀 환자 취급과 사람대접을 받나 싶어 왈칵 눈물이 쏟아졌다. 그리고 힘들어하는 아내에게 미안했다.

영등포에서의 병원 생활은 하나님의 인도하심과 기적의 연속이었다. 외과 과장님도 집사님이시고, 분위기가 좋았다. 며칠은 적응하느라 힘들어하더니 얼마 지나지 않아 눈동자를 돌리기 시작했고, 기관지 절개를 해서 호스를 꽂아놓았지만 약하게 말을 하기 시작했다. 기적이 아닌가. 교회 집사님들이 병문안 왔을 때는 어릴 적 암송하였던 시편 1편과 23편, 주기도문 등을 암송하였다. 아내의 암송하는 모습을 보며 집사님들도 따라 울며 감사했다. 비록 어린아이같이 대답하며 기억의 회복은 어디까지인지 알지 못하지만 천진난만하고 해맑은 아내의 모습이 너무 예뻤다.

소식을 듣고 시골 교회 성도들이 병문안을 했다. 서울까지는 먼

거리인데도 많은 성도가 와주셨다. 그때 목사님께서는 이사야 43장 18~21절 말씀을 통해 하나님의 '새 일을 행하심'과 '이제 나타내심'을 전하셨다. 그리고는 복음을 위해 나아가는 길에는 광야에 길이 나며, 사막에 강이 흐르게 되는 하나님의 역사가 있을 것이라 말씀하셨다. 참으로 감사한 일이다. 모두들 하나님의 인도하심을 찬양하고 감사하였다.

또 며칠이 지난 후 부축을 받으며 걷기를 시작했고, 아내와 함께 〈그 크신 하나님의 사랑〉을 목 놓아 찬양하며 행복하고 기쁜 시간을 보냈다. 그쯤 선교사님께 메일을 보냈다.

보고픈 선교사님, 가고픈 라오스

샬롬! 그동안 잘 계셨어요? 참 오랜만에 메일을 보내는 듯합니다. 이틀 비가 내리더니 날씨가 한껏 서늘해졌습니다. 서서히 가을이 깊어가는 듯합니다. 요즘 더욱 하나님의 은혜 가운데 살고 있음을 고백하며, 사랑을 느끼며, 감사하며 지냅니다. 아내는 의료진들도 놀랄 정도로 빠른 회복을 보이고 있답니다. 혼자 걸어서 화장실도 가고, 말하는 것은 물론이고 전화 통화도 하고, 밥도 먹고…. 많이 기도해주신 덕분입니다.

얼마 전 임 목사님과 라오스 가는 것에 대해 이야기하면서 "저희 부부는 3월 중에 갈 수 있도록 기도하고 있습니다"라고 말씀드렸습니다. 이후에 어떠한 방법으로 하나님께서 인도하실지는 분명히 알지 못하지만, 확신하는 것은 아내가 완쾌되어 하나님께서 우리 가정을 그곳으로 보내주실 거라는 것입니다.

요즘은 라오스 생각만 하면 눈물이 나고, 아내와 함께 병실에서 기도하다가 울고 또 웁답니다. 너무 가고 싶군요. 아무쪼록 많은 기도 부탁드리며, 늘 건강하시길 기도합니다.

_라오스를 사랑하는 김현국, 안혜진, 김소망 올림

그런데 기쁨도 잠시, 아내는 갑자기 걷지 못하고, 아무 음식도 씹어서 삼키지 못하고 약도 삼키지 못했다. CT 촬영 결과 병명은 '뇌수막염'이었다. 사고로 인하여 뇌수가 흡수되지 않고 가득 차오른 것이다. 다시 처음으로 돌아가버린 아내는 처음보다 더 힘들어했다. 신경질 부리고 소리 지르며 소변 줄을 뽑는 등 짜증을 냈다. 당시 나는 졸업을 한 학기 남겨놓은 상태여서 병원에서 쪽잠을 자고 학교를 오가며 아내를 간호했었다. 병원비며, 간병비, 학비 등 너무 힘들어 간병인에게 아내를 맡겨두고 학교를 갈 때면 눈물이 앞을 가려 운전이 힘들 정도였다. 다시 어두운 터널로 들어가는 듯하였다.

그때 위로함과 용기를 얻고자 한재성 선교사님의 《땅 끝에 남은 자》를 읽으며 '복음이 무엇인가? 십자가의 사랑이 무엇인가? 왜 하나님은 나에게 이런 일이 일어나게 하신 것일까? 왜 우리인가?'라는 생각에 하나님을 원망했다. 그러나 다시금 울며 기도하며 철저히 다시 주님 앞에 내려놓게 하시고 주님의 인도하심만을 바라보게 하셨다.

다시 아내는 수술을 받아야 했다. 조금 나아짐, 또 한 번의 수술, 조금 나아짐, 또다시 수술…. 반복의 연속으로 신경외과 과장님과 나는 중대한 결정을 내려야 했다. '뇌수의 흡수가 관건이다. 머리뼈를 다시 덮는 수술(뇌수술을 하기 위해서는 머리뼈를 절단해서 개봉하고, 1년이 지난 후 덮는 수술)을 통해 뇌수의 압력에 안정을 주자'는 결정을 한 것이다. 머리뼈는 수술을 받았던 광주의 ○○대학병원에 있었고 그것을 안전하게 가져와야 했다. 먼저는 ○○대학병원의 담당 과장님과 통화를 해야 했다. 그때 통화 내용을 떠올리면 얼마나 통쾌하던지 그는 당황해서 어찌할 줄 몰랐다.

"여보세요. ○○○ 씨 보호자인데요. 여기 서울 ○○병원에서 머리뼈 덮는 수술을 해야 하는데, 머리뼈가 필요합니다."

"○○○ 씨가 지금 어떤 상황인데 수술을 한다는 겁니까?"

"네, 말도 하고 걸어 다닐 정도로 좋아져서 내일 아침 수술하기로 결정했습니다."

"뭐라고요? 정말입니까?"

"네, 사실입니다. 여기 과장님 바꿔드리겠습니다."

순간 사고 당일 그렇게 큰소리쳤던 모습과 지금의 모습이 떠올랐다. 하나님의 살아 계심을 자신 있게 무언중에 선포한 것이다. '당신도 믿음을 가지라'고 외친 것이었다.

아침 일찍 수술 일정이 잡혔기에 나는 아내의 머리뼈를 가지러 광주로 향했다. 목 놓아 기도했던 그 자리에서 다시금 아내의 머리뼈를 받기 위해서 하나님께 기도했다.

"여기까지 인도하신 하나님, 앞으로도 모든 것을 간섭하시고 인도하실 줄로 믿습니다. 우리가 주 앞에 있습니다."

뼈를 받아 아이스박스에 담고 또다시 저녁 길을 달려 서울로 돌아왔다. 곧 수술은 시작됐고, 예상대로 아내는 뇌의 안정을 찾을 수 있었다.

그렇게 시간이 흐르는 동안 서울에 첫눈이 왔다. 하얀 눈이 창을 두드리고 있었다. 아내를 휠체어에 앉히고 눈을 보러 1층 로비로 내려갔다. 그런데 아내의 말에 깜짝 놀라고 감사했다.

"여기 와본 거 같아. 대학 다닐 때 동아리에서 임명희 목사님(영등포 광야교회)과 함께 전도 나왔던 곳이야!"

하나님께서는 아내가 복음을 들고 왔던 곳에 다시 아내를 인도해서 보내신 것이다. 우리는 감사하며, 이곳으로 다시 보내신 하나님의 인도하심과 그 계획하심이 무엇인지 하나님께 기도했다.

또다시 뇌수에 문제가 생겼다. 이제는 머리에 구멍을 내고 호스를 심어 인공적으로 흡수하도록 해야 했다. 그것이 최선의 결정이었다. 최신 의료 기술로 호스의 넓이를 밖에서 조절할 수 있는 호스를 심는 수술을 받을 수 있었다.

회복

내가 새벽 날개를 치며 바다 끝에 가서 거주할지라도 거기서도 주의 손이 나를 인도하시며 주의 오른손이 나를 붙드시리이다(시 139:9~10).

이제는 재활이다. 재활을 결정하고, 재활전문병원으로 옮기기로 했다. '국립재활원'은 유명한 병원이기에 대기환자들이 많았다. 나는 일찍이 서둘러 상담을 받고 예약을 하였기에 어렵지 않게 입원할 수 있었다.

하루의 스케줄 즉 치료 시간과 운동 시간이 정해지니까 바쁘게 하루가 지나갔다. 아내는 재활치료를 받을 때 고함 소리가 커서 담당 선생님을 놀래키곤 했다. 하기 싫은데 계속 시킨다는 것이다. 그토록 차분하고 말수가 적었던 아내가 그런 행동을 보일 때면 우습기도 하고 귀엽기도 해서 웃음이 나왔다.

하나님께서는 재활원에서의 3개월 동안 기도해주는 간호사들을 만나게 하셨다. 우리의 사연을 듣고 신앙 있으신 간호사들이 함께 기도해주기 시작한 것이다. 그리고 소망이가 한 번씩 병원에 올 때면 간호사들이 가장 많이 예뻐해주셨다.

굳어버린 다리와 손, 아무리 주무르고 운동을 시켜보지만 꺾여진 발은 펴지지 않았고, 손은 머리 위로 올리기가 여간 힘들지 않았다. 다리를 억지로 잡아주는 보조기를 신고 치료 시간이 없는 토요일에는 같이 걷는다. 다리가 아프다고 화내고 울기도 하지만 언제나 〈그 크신 하나님의 사랑〉과 〈나 무엇과도 주님을 바꾸지 않으리)를 찬양하며 운동하였다. 재활원은 토요일 외박이 허락되기에 사고 후 처음으로 아내를 위해 친정집에 다녀오기로 했다. 힘들지만 감사함으로 처가에 와서 피아노를 연주하기도 하고 함께 저녁 식사를 하고 잠자리에 들었다.

그런데 아내가 갑자기 경련을 심하게 하는 것이다. 사지가 돌아가고 온몸에 힘을 주는 등 너무 놀랐다. 아무리 주무르며 기도하고 애써도 경련은 계속되었다. 구급차를 부르고 아주대학병원 응급실로 갔다. 의사 소견은 '뇌경련', 뇌수술 후 오는 후유증으로 뇌파의 잘못된 운동이라는 것이다. 영등포병원의 과장님께 전화를 걸어 자세한 검사를 위해 다시금 입원을 결정하였다. 다시 원점으로 돌아가는 것인가? 다시 영등포 병원에 입원하여 누워 있는 아내를 바라보며 또다시 울었다. 하염없이 울었다. 내가 우니까 아내도 속상했던지 함께 울었다. 그리고 기도했다.

"하나님은 우리와 언제나 함께 계셔. 우리를 일으키셔서 하나님이 사랑하시는 땅 라오스로 보내실 거야. 이것은 과정일 뿐이야, 여보 힘내자!"

뇌수의 변화와 복용하는 안정제의 체내 수치 조사를 마치고, 일주일간의 안정을 취한 후 우린 다시 재활원으로 돌아왔다. 경련이

한 번 있었다고 운동을 멈출 수는 없었다. 물론 예전보다는 그 강도를 낮게 하였지만 그래도 믿음으로 찬송하며 걷고 또 걸었다. 3개월(재활병원은 3개월 이상 입원할 수 없음. 퇴원 후 일정 기간이 지난 후 다시 입원 가능)의 시간을 보내고 봄이 오는 길목에 우리는 서울시립병원으로 옮기게 되었다.

그곳에서는 말할 수 없는 하나님의 큰 축복이 기다리고 있었다. 서울시립병원은 수요예배가 없다. 예배실은 넓고 좋은데 수요예배가 없었다. 재활병원을 오가며 만났던 크리스천들이 내가 전도사임을 알고 함께 예배드려줄 것을 부탁했다. 부족하지만 환우들에게 소망과 힘을 주고 싶고, 함께 하나님의 위로를 받고 싶었기에 흔쾌히 예배를 인도했다. 그렇게 시립병원에서의 수요예배가 시작되었다.

예배를 기쁘게 받으신 하나님은 아내의 다리에 다시금 힘을 주셨다. 손에 힘을 주셨다. 부활주일 아침, 처음으로 코끼리(재활용 자전거)를 발로 구르기 시작했고, 보조기를 의지하지 않고 부축을 받아 걸어 다니기 시작했다. 긴 병동 복도를 한 바퀴씩 돌 때면 많은 사람이 우리를 쳐다보았고, 우리를 보고 기쁜 일을 두고 행하시는 하나님에 대해 이야기하기 시작했다. 우리는 남을 의식하지 않고 더 열심히 찬양하고 걸었다.

어느 수요일 병실 가득 사람들이 몰려와 함께 예배드리기를 요청하였다. 순식간에 우리 병실이 병원 예배실로 바뀐 것이다. 나는 처음 대학병원에서 있었던 일이며, 병원 교회에서 나에게 주신 말씀을 환우들에게 전하였다. 그리고 하나님의 계획과 믿음으로 바라볼 것을 간증하였다. "아멘! 아멘!" 하며 믿음으로 고백하는 자리는 순식간에 기도의 자리로 변하였다.

아내가 더욱 힘차게 걷고 몇 걸음씩 혼자서 걷기를 시작하자 병원에서는 돌떡을 돌리라고 아우성이었다. 아기가 처음 걸을 때처럼 기쁜 일이니 돌 때처럼 떡을 돌리라는 것이다. 나는 기쁜 마음으로 떡을 넉넉하게 준비하여 환우들에게 돌리며 우리를 고쳐주시고 인도하신 하나님을 증거 하였다.

보내심

내가 달려갈 길과 주 예수께 받은 사명 곧 하나님의 은혜의 복음을 증언하는 일을 마치려 함에는 나의 생명조차 조금도 귀한 것으로 여기지 아니하노라(행 20:24).

6월의 첫 주를 보내고 우리는 담당 의사로부터 퇴원해도 좋다는 소견을 들었다. 얼마나 감사한 일인가. 하나님을 원망하지 않고 믿음으로 바라본 결과가 아닌가. 정기적으로 검사를 받아야 하지만 얼마나 기쁜 일인가. 병실을 돌며 환우들에게 그동안 썼던 보조기구를 무상으로 드리면서 말씀을 붙들 것을 권면했다.

이제는 하나님의 땅, '라오스'로 가는 것이다. 목사님께 파송 시기 등을 의논하고 기도와 말씀으로 더욱 하나님의 보내심을 준비해나갔다. 드디어 2007년 7월 29일 성도들의 눈물의 파송을 받으며 라오스로 향할 수 있었다. 참으로 견디기 힘든 시간 가운데 하나님께서 우리를 회복시키시고 다시 보내실 것을 확신하며 기도와 눈물로 기다린 결과였다.

우리를 회복시키신 하나님의 영광을 위해, 생명과 삶을 다하여 땅 끝까지 복음을 증거 하기를 원한다. 이것이 은혜받은 자의 마땅히 해야 할 일이며, 우리를 부르신 하나님의 뜻이라 생각되기 때문이다. 부족하지만 우리에게 주신 비전을 붙잡고 나아간다.

"보라. 내가 새 일을 행하리니 이제 나타낼 것이라. 너희가 그것을 알지 못하겠느냐?"

기적은 믿음으로부터 나오며, 지금도 하나님은 자기를 찾는 모든 사람에게 무엇이든지 주시기를 기뻐하신다. 그리고 하나님의 계획과 인도하심은 계속된다.

부르심

땅의 모든 끝이 여호와를 기억하고 돌아오며 모든 나라의 모든 족속이 주의 앞에 예배하리니 나라는 여호와의 것이요 여호와는 모든 나라의 주재심이로다(시 22:27~28).

지는 태양을 바라보며 라오스로 향했다. 하나님 앞에 자신의 삶을 헌신한 대부분의 선교사가 단기 선교 여행을 통해 선교 비전을 구체화시켰다는 사실은 선교를 위해 기도하고 있는 나에게는 특별한 사실이었다. 갓 중학교 1학년이 된 학생들을 포함한 선교팀은 하나님의 섭리와 기대감 가운데 공식 일정을 시작했다.

우리를 대하는 선교사님의 해맑은 미소 속에 또 미리 아이들의 이름을 외워 아이들과 이름을 비교해보며 익히시는 모습 속에 정겨움을 느꼈다. 라오스는 태국과는 달리 너무나 가난한 나라임을 외곽 지역이 아닌 가까운 곳에서도 쉽게 알 수 있었다. 또한 라오스를 둘러싸고 있는 '메콩의 저주'라고 하는 불교문화와 사회주의는 젊은이들의 꿈을 가난의 굴레 속에 몰아넣는 듯싶었다. 한 가지 놀라운 것은 이들의 음식 및 생활문화가 우리나라와 거의 비슷하다는 것이다.

우리 선교팀은 공개적으로 전도가 금지된 나라에서 집회를 계획하고 있었다. 23명이라는 많은 인원이 이동하며 특정 교회와 마을을 방문하는 것 자체부터 주변의 관심(비밀공안)을 사기에 충분했다. 참으로 어려운 일이었지만 하나님의 인도하심으로 준비한 모든 것을 마음껏 나눌 수 있었다.

집회의 내용은 찬양과 드라마였다. 특히 드라마에서 우리를 향한 예수님의 사랑이 막힌 담으로 인해 다가오지 못한 안타까운 장면을 본 현지 청소년 및 청년은 마음에 강한 감동을 받았다. 또한 십자가의 죽으심, 사탄을 이기고 회복하심은 감동과 눈물과 감사의 물결을 만들어냈다.

우리의 주요 방문지는 라오스 초대 선교사이신 김○○ 선교사님이 운영하시는 A 스포츠센터였다. 이곳에서 우리가 준비한 선물을 나누었고, 축구 시합과 식사, 장기자랑, 집회가 있었다.

우리는 이들을 볼 때 배우지 못하고, 보잘것없는 사람들이라고 생각할 수 있다. 하지만 이들이 축구 시합, 성경통독, 찬양과 기도하는 모습을 보면서 낮은 자를 세우셔서 주님의 일을 감당하게 하시는 하나님을 바라보게 되었다. 또한 우리의 모습을 비추어보며 너무도 초라한 우리의 믿음을 발견하게 되었다. 골리앗과 다윗이 싸울 때 다윗이 이길 것이라 확신한 사람이 누가 있었겠는가. 다윗 자신과 하나님밖에는.

겉모습은 중요하지 않다. 그런데도 우리는 겉으로 드러나는 모습으로 남들의 신앙을 판단하고, 저울질하고 있다. 정작 중요한 것은 마음의 중심을 보시는 하나님이심을 망각했던 것이다.

그날 밤 숙소로 돌아와 잠을 이루지 못했다. 하나님께서 이 땅에 대한 강한 부담감으로 무릎을 꿇게 하시고 라오스를 위해 기도하게 하셨다. 나는 하나님께 기도했다.

"하나님, 이 땅을 위해 하나님께서 부족한 저를 쓰시기 원하신다면 이 마음이 계속해서 불일 듯 일어나게 하소서. 이 땅의 복음화를 위해 저를 사용하소서."

라오스의 모든 일정을 마치고 국경을 지나 방콕 행 비행기 안에서 멀리 라오스를 바라보았다. 그리고 생각했다.

"지금 사람들의 눈으로 보기에 라오스는 아주 초라하고 가난한 나라로 보일지 모른다. 또한 A 스포츠센터는 너무 작은 몸짓일 수 있다. 그러나 하나님께서는 준비한 이들을 통해서 라오스에 부흥의 불길을 일으키시며, 라오스를 이끌어나가고 세계에 영향을 끼칠 영적인 지도자가 나올 수 있다."

나는 믿음의 눈으로 바라보고 싶었다. 귀한 일정 동안 선교사님께서는 우리가 볼 수 없는 것을 보여주셨고, 이들을 통한 하나님의 계획하심이 분명히 있다는 것을 알게 하셨다.

선교지를 돌아보며 나 자신과 나를 넘어, 그리고 나를 통해 이루어나가실 일들이 있음을 느낄 수 있었다. 그동안 난 단지 그것을 볼 수 없을 뿐, 분명히 그것은 주님께서 원하시는 것이고, 내가 그것을 취해야 할 것임을 느낄 수 있었다.

집으로 돌아와 계속해서 가슴이 뛰어오름을 감출 수 없어 아내에게 선교지에서 있었던 하나님의 부르심에 대해 나누었다. 그리고 그 부담감이 진정 하나님의 부르심인지 함께 기도하였다.

사실 우리는 결혼 전 중국을 놓고 기도하고 있었다. 결혼 후에도 계속해서 중국 전도를 집 벽면 한 면에 붙여놓고 매일같이 중국 땅을 바라보며 하나님의 보내심을 기대하고 있었다. 아내는 신학대학 졸업 후 GMS선교회의 MTI 과정을 마치고 준비 중이었다.

그러던 중 나와 결혼한 것이다.

1년을 작정하고 우리는 계속해서 라오스를 놓고 기도하였다. 이후 하나님께서는 계속해서 우리를 라오스로 인도하셨고, 그 부르심이 하나님께서 주신 것임을 확신할 수 있었다.

지금 나는 한국에 있다. 2009년 7월, 아내의 건강 악화로 선교지에서 귀국하게 되었다. 그리고 칼빈신학대학원에서 공부하고 있고 공부를 마치는 대로 다시 라오스로 출국할 계획이다. 남들은 또다시 걱정스러운 눈으로 우리를 바라본다. 그러나 우리의 마음은 항상 평안하다. 주님의 인도하심을 믿기 때문이다. 지금은 식구가 다섯 명이다. 어떻게 그런 일이? 소망이 밑으로 온유, 사랑이가 있다. 온유와 사랑이는 홀트아동복지회를 통해 우리 가정에 보내주신 귀한 선물이며, 하나님 나라를 위한 동역자다.

너희가 근심하나 내가 다시 너희를 보리니
 너희 마음이 기쁠 것이요.
요 16:22

벼랑 끝에서 들린 하나님의 음성

박혜경

2002년 6월 어느 날, 나는 4호선 지하철역 플랫폼에서 달려올 지하철을 기다리고 있었다. 두 눈을 질끈 감은 채로 몸을 내던지려 했다. 그리고 그곳에서 나는 지금껏 부정해왔던 그분을 만났다.

풍요 속의 빈곤

2002년 월드컵으로 온 나라가 시끄러웠다. 곳곳마다 빨간 물결이 넘실대고 응원소리가 터져 나왔다. 그렇게 정신없는 세상에 끌려 나는 하루하루를 간신히 살아가고 있었다. 사람들과 어울려 "대~한민국!"도 외쳐보고 시원한 맥주에 뜨겁게 취해서 비틀거려도 보았다. 하지만 나는 외로웠다. 사랑하는 가족과 친구들이 있어도 그들의 사랑이 의심쩍었다. '풍요 속의 빈곤'이라고 했던가. 주변에 사람이 많으면 많을수록 외로워지는 감정은 나를 지치게 만들었다. 초등학교 4학년 때 아버지가 갑작스럽게 돌아가신 후 조금씩 생기기 시작한 우울증이 어느새 나란 사람을 가득 채워갔다.

당시 나는 서울예대에 다니고 있었다. 명동에 있던 캠퍼스가 경기도 안산 중앙동으로 이전을 했고 우울증으로 감정을 주체할 수 없었던 나는 무작정 걸어서 중앙역으로 향했다. 생각해보라. 햇살 좋은 6월에 젊은 아가씨가 눈물, 콧물 범벅이 되어서 거리를 활보하고 있다고. 사람들이 수군거리며 옆을 지나갔고 나는 내가 왜 울고 있는지도 모른 채 하염없이 걸었다. 사실 나는 너무나도 충실하게 귓가에 들려오는 목소리에 순종하고 있는 중이었다.

"혜경아, 힘들지? 그래, 얼마나 힘들겠니. 세상은 원래 이렇게 힘든 거야. 그러니깐 죽어. 죽으면 다 끝나. 아빠 보고 싶지 않아? 아빠도 널 보고 싶어해. 그러니깐 죽으란 말이야."

어쩜 이렇게도 달콤하고 감미로운 목소리가 있을 수 있을까? 귓가에 들리던 목소리는 남자나 여자의 목소리도 아니었다. 내 마음 깊은 곳에서 울려오는 소리 같았다.

'맞아. 난 너무 힘들어. 그리고 아빠가 보고 싶어.'

난 그렇게 눈물로 가려진 불투명한 시야를 의지하며 목소리를 따라 중앙역으로 걷고 있었다. 어쩌면 난 너무나 간절히 살고 싶었는지도 모른다. 채우려 해도 채워지지 않는 내 빈 마음과 자아를 사라지지 않을 영원한 것으로 채우고 싶을 뿐이었다. 나는 정말 죽고 싶지 않았다. 누군가 날 붙잡아만 준다면, 그리고 내 아픔을 치유하지는 못할지라도 위로라도 해준다면….

하지만 세상은 그렇지 않았다. 누가 봐도 위험하게 지하철 선로에 발을 반쯤 걸치고 있어도 흘끔 쳐다만 보고 지나갈 뿐 "이봐요, 아가씨. 위험해요" 하는 말로 잡아주는 이가 없었다.

'맞아. 세상은 나 같은 것 하나 죽는다고 바뀌지 않아. 관심도 갖지 않는다고.'

지상에 있는 중앙역에서 시내를 바라봤다. 넘쳐나는 유흥 간판들 사이로 십자가가 보였다. 그리고 아빠가 돌아가신 고대안산병원이 보였다. 이젠 정말로 끝이었다.

'아빠가 저곳에서 돌아가셨지. 나는 아빠에게 가겠어. 아무도 날 사랑하지 않는 세상에서 더 이상 살고 싶지 않아.'

지하철역 안으로 거센 바람이 불어오며 지하철이 들어오는 게 보였다. 나는 뒤로 몇 걸음 물러났다. 그리고 두 눈을 꼭 감고 앞으로 달려나갈 준비를 했다. 내가 죽고 나면 엄마와 동생은 얼마나 슬퍼할까? 무서웠다. 엄마와 동생의 얼굴이 떠오르자 내가 뭘 하는 건가 싶었다. 하지만 정체불명의 친절한 목소리는 또다시 날 설득했다.

'아니야. 네가 죽는다고 사람들이 슬퍼할 것 같아? 지금까지 겪어오면서도 모르겠어?'

그러는 사이 지하철이 지나가고 말았다.

'바보, 죽지도 못하는 바보… 이번에는 반드시 뛰어내리겠어!'

주위를 둘러보았다. 혹시나 누군가 날 한번만 붙잡아준다면…. 하지만 아무도 없었다. 다시 지하철이 들어오는 소리가 들렸다. 난 정말 살고 싶은데….

내가 널 사랑한다

플랫폼 앞에 섰다. 아무 생각도 하지 않으리라. 순간이면 끝날 것을. 지하철이 일으키는 바람에 머릿결이 나부꼈다. 나는 발에 힘을 주었다. 그렇게 앞을 향해 몸을 날렸다. 그 순간이었다.

발이 땅에 붙는 듯한 느낌이 들었다. 그리고 모든 것이 정지했다. 세상의 소리가 아무것도 들려오지 않았다. 모든 것이 진공 상태의 그림 같았다. 그리고 밝은 빛이 눈앞에 쏟아졌다.

"내가 널 사랑한다!"

그 순간 나는 그 목소리에 놀랐다기보다 누군가 나를 사랑한다는 말에 놀라 울컥 눈물부터 났다. 뒤로 몇 걸음 물러난 나는 지하철에 비치되어 있는 플라스틱 벤치에 주저앉았.

'방금 이게 무슨 소리였지? 누가 날 사랑한다는 거지?'

혼란스러움에 정신을 차릴 수가 없었다. 그렇게 멍한 상태로 얼마나 앉아 있었는지 모른다. 엉덩이 밑에 깔린 책 한 권이 불편해 꺼낸다고 꺼낸 것이 나도 모르게 그 책을 가방 속으로 밀어넣었다. 사실 정신이 없어서 한 행동이었지 의도적으로 그 책을 갖고자 한 생각은 전혀 없었다. 그때 전화벨이 울렸다. 중학교 동창의 전화였다. 내용은 간단했다. 빨리 자기네 집으로 오라고, 자기네 엄마가 찾는다고.

'아주머니가 날 왜 찾으실까? 아주머니는 평소 날 싫어하지 않으셨나?'

그랬다. 친구네 가정은 독실한 기독교 집안이었고 나는 그런 친구를 꼬셔서 술을 먹고 외박을 일삼는 모범적이지 않은 학생이었다. 아주머니께서 아무리 친절하게 나를 대하셔도 나는 괜한 죄책감과 자격지심에 툴툴거리기 일쑤였다.

나는 이유도 묻지 않고 중앙역을 빠져나와 친구네 집으로 가는 버스에 몸을 실었다. 방금 전까지 지하철에서 있었던 일은 뭐였고 누구한테 뭘 어떻게 얘기해야 이해할까? 믿기나 할까? 내가 들은 목소리를….

친구네 집에 도착했다. 벨을 누르는 손이 떨렸다. 현관문이 열리고 친구가 손가락을 입에 갖다 대며 조용히 하라는 신호를 보냈다. 현관으로 들어서자 아주머니는 거실에 조그마한 상을 앞에 두고 조용히 기도를 하고 계셨다. 난 신발을 벗고 들어가야 하는 건지 도로 다시 나가야 하는 건지도 몰라 어정쩡하게 현관에 가만히 서 있었다.

"들어와서 앞에 앉아라."

단호하면서도 나지막한 아주머니의 음성에 나는 조용히 가방을 내려놓고 그 앞에 무릎을 꿇고 앉았다. 기도를 마치셨는지 아주머니는 눈을 들어 나를 바라보셨다.

"너 왜 거기서 죽으려고 그랬니?"

나는 울컥 눈물이 쏟아졌다. 내가 죽으려고 했던 걸 어떻게 아셨지? 그리고 무엇보다 누군가 나의 힘듦을 알고 먼저 물어주었다는 게 고마워 눈물이 흘렀다. 잦은 울음소리가 통곡으로 변했다. 기도를 하는데 갑자기 내가 보였다고 하셨다. 지하철역에 서 있는 내가 달려오는 지하철로 몸을 날리는 환상이 보이셨단다. 그래서 급히 부르셨다는 게 아주머니의 설명이었다.

나는 자초지종을 말씀드렸다. 세상에는 아무도 날 사랑하는 사람이 없다고. 그리고 죽은 아빠가 보고 싶다고. 아주머니가 말씀하시는 하나님이라는 분이 계시다면 왜 우리 아빠가 죽고 내가 왜 이렇게 외롭게 사는 것이냐고. 그래서 지하철역에 갔다고. 그런데 그곳에서 이상한 목소리를 들었다고.

"모든 것에는 하나님의 뜻이 있단다. 아빠를 빨리 데리고 가신 것도 하나님의 뜻이 있기 때문이지. 너희 가정을 파탄에 빠뜨리시려고 그러신 건 아니란다. 하나님은 선하셔. 그리고 누구보다 널 사랑하시지. 넌 이미 죽었어. 그 지하철역에서 넌 이미 죽었고 이제 새 사람이 된 거야. 옛사람이 죽고 새 사람으로 거듭났다. 앞으로 하나님께서 네 인생에 어떤 새 일을 행하실지 넌 보게 될 거야."

아주머니는 내 손을 잡고 영접기도라는 것을 해주셨다.

"하나님 아버지, 예수 그리스도의 이름으로 아버지께 나아갑니다. 저는 죄인입니다. 저의 죄를 용서하시고 예수님의 보혈로 깨끗하게 씻어주세요. 예수님을 저의 구세주로 영접합니다. 살아 계신 하나님의 성령으로 거듭나게 해주세요. 저의 삶을 당신께 드립니다. 당신은 하나님의 아들이시며 그리스도이심을 믿습니다. 감사드리며 예수님의 이름으로 기도하나이다. 아멘!"

입에서 자연스레 영접기도가 따라 나왔다. 그렇게 맘이 편할 수가 없었다. 도대체 뭐가 뭔지 너무나 많은 일이 일어나서 정신이 없었지만 어느 때보다 마음이 편안했다. 그렇게 집으로 돌아온 나는 가방 안에서 누구의 것인지 알 수 없는 책 한 권을 발견했다.

'맞다, 아까 지하철역에서 주운 책…'

《전도의 아버지, 드와이트 무디》라는 제목의 만화책이었다. 내가 이 책을 왜 주워왔지? 누가 두고 갔을까? 만화책이라 부담 없이 한 장 한 장 넘기던 나는 이내 무릎을 꿇고 말았다. 지금 생각하면 성령님의 전적인 인도하심 때문이었으리라.

'복음 전도의 아버지, 예수님을 알지 못하는 사람이 너무나 불쌍해서 자기가 가진 모든 것을 바쳐 전도에 힘썼던 사람'이 드와이트 무디였다.

나는 나도 모르게 무릎을 꿇은 채로 나의 삶을 주님께 드리겠다는 기도를 했다.

"주님, 이와 같은 삶을 살겠습니다."

나의 떼쓰기 식 전도

나는 하나님, 예수님이란 말만 들으면 짜증부터 났던 사람이다. 누가 교회에 가자 하면 "네가 나랑 같이 절에 가자!" 하던 사람이다. 교회 가는 친구가 있으면 어떻게 해서든 방해를 해서 주일을 지키지 못하게 했고 돈만 있으면 용하다는 무당을 찾아다니며 점을 봤던 사람이었다. 심지어 대학 입시 실기 시험장에서도 조용히 기도하고 있는 수험생 옆에 가서 귀에다 대고 '나무아미타불'을 외치던 사람이었다. 그런 내가 하나님을 믿어도 될까? 그런데 이런 나를 하나님께서는 사랑해주신다고 하셨다.

평소 전도를 받은 경험은 많았지만 자아가 강했던 나는 항상 하나님을 부정했다. 나를 지으신 하나님께서 그런 나를 가장 잘 아셨으니 직접적으로 그분의 음성을 들려주시며 나를 만나주셨던 것이다. 바로 죽음 앞에서 말이다.

그렇게 나가게 된 교회에서 지금의 남편을 만났다. 남편은 평소

기도 제목이 '주를 위해 죽을 수 있는 여자'를 만나게 해달라는 것이었다고 한다. 그러던 어느 날 믿지 않는 가족 구원을 위해 기도하던 나는 무의식중에 가족 구원만 할 수 있다면 "제가 죽겠습니다"라는 구절을 크게 입으로 외쳤다. 그날도 남편은 "주를 위해 죽을 수 있는 여자를 만나게 해주십시오"라는 기도를 하고 있었는데 뒤에서 어떤 여자가 "제가 죽겠습니다"라고 외치더란다. 그렇게 우리는 만나 하나의 비전을 품게 된 것이다.

무식하면 용감하다고 했던가. 초신자인 나의 떼 쓰기 식의 기도를 하나님께서 들으셨는지 얼마 지나지 않아 엄마가 교회에 나오기 시작하셨다.

"하나님, 저희 엄마는요, 돈이랑 사람을 좋아해요. 그래서 하나님은 뒷전이에요. 제발 돈이랑 사람한테 뒤통수 맞게 해주세요."

그렇게 한 달을 기도했더니 시골에 살던 엄마가 앙상한 몰골로 찾아오셨다. 믿었던 사람한테 배신당하고 곗돈을 떼여 다 망했다는 아주 반가운(?) 소식이었다. 세상을 믿어봤자 남는 게 없다는 걸 깨닫게 된 어머니는 자기 발로 교회를 찾아가셨다. 그리고 지금은 토요일마다 지방 찬양단에서 주님을 찬양하기에 바쁘시다.

남동생은 교회 이야기만 나오면 질색을 했다.

"누나, 내가 필요할 때 되면 다 나갈 테니깐 나한테 이래라 저래라 하지 마."

나는 힘이 없었다. 그래서 다시 기도했다. 사실 내가 할 수 있는 건 기도뿐이었다.

"하나님, 제 동생이 이렇게 세게 나오는데 어떻게 하죠?"

나는 주님이 주시는 마음을 따라 《백악관을 기도실로 만든 대통령 링컨》이라는 책 안에 현금 5만 원을 넣어 동생에게 내밀었다. 이 책만 읽어보라고. 그러면 그 돈은 가져도 좋다고. 그리고 며칠 뒤, 방에서 불을 끈 채 질질 울고 있는 동생을 발견했다.

"너 왜 그래?"

"누나. 나 진짜 이런 거 싫었는데… 나 이제 하나님 편이야."

이렇게 쉽게(?) 전도가 되어도 되는 건가 싶었다. 그렇게 데리고 나간 교회에서 새 신자가 적어내는 카드에 '내가 받은 은사'라는 항목이 있었는데 아무것도 모르는 동생이 은사란에 '우리 누나'라고 적어냈지 뭔가.

"하하, 종열 씨에겐 누나가 은사인가요?"

"그럼요, 우리 누나가 세상에서 가장 훌륭한 은사죠."

은사의 뜻을 잘 몰랐던 동생의 우스꽝스러운 행동은 나와 많은 사람에게 은혜가 되었다. 지금 동생은 호주에 살고 있는데 주일 성수를 잘하면서 주님의 보호 아래 건강히 잘 지내고 있다.

너희는 이전 일을 기억하지 말며 옛날 일을 생각하지 말라 보라 내가 새 일을 행하리니 이제 나타낼 것이라 너희가 그것을 알지 못하겠느냐 반드시 내가 광야에 길을 사막에 강을 내리니(사 43:18~19).

기적 같은 하나님의 약속

우리의 삶에 늘 새 일을 행하시는 주님의 계획은 얼마나 놀라운지 모른다. 결혼 후에 갖게 된 첫째 아이가 잘못되고 얼마 지나지 않아 다시 아이를 갖게 되었다. 첫째를 잃고 적지 않은 상심 가운데 있다가 다시 아이가 생기자 얼마나 기뻤던지 아이의 태명을 '기쁨이'라고 지었다. 하지만 주님께서 주신 귀한 생명을 말씀으로 양육하기에도 부족할진대 나는 일에 빠져 몸을 혹사했고 제대로 된 말씀과 기도로 태교를 하지 못했다.

그리고 섬기던 교회에서 '말씀 통독 훈련'이 있었는데 바쁘다는 핑계로 참여조차 하지 않았다. 그런 나를 주님께서 또다시 연단하셨다. 임신 5개월 만에 양수가 파열된 것이다. 원인도 알 수 없는 상태에서 양수는 조금씩 새기 시작했다. 병원에서는 뱃속 아이의 안전을 보장할 수 없다고 했다. 절벽 끝에 선 기분이었다. 초음파를 통해 손가락 다섯 개를 쫙 펴서 보여주던 아이의 생명을 보장할 수 없다니….

바로 병원에 입원을 했다. 하염없이 눈물만 흘렸다. 아직 세상의 빛도 보지 못한 아이를 잃을까 봐 통곡하던 나는 이삭을 제물로 바쳤던 아브라함과 독생자 예수를 십자가에 못 박히게 하신 하나님의 마음을 생각했다.

'그래! 나에겐 하나님이 계시잖아!'

나는 주님께 무릎을 꿇었다. 이 생명만 살려달라고. 병원에서는 언제 퇴원을 할 수 있을지 모른다 했고 갑자기 양수가 다 쏟아져 아이를 잃을 수도 있다고 했다. 말씀만 붙들고 성경통독을 할 테니 통독이 끝나는 날 무사히 병원에서 퇴원할 수 있게 해달라고. 그러고는 사람들에게 단언하듯 이야기했다. 나의 하나님께서 성경통독이 끝나는 날 뱃속 아이와 함께 무사히 퇴원할 수 있게 해주신다 했다고! 그리고 열심히 성경을 읽어나갔다. 문득문득 두려움과 불신이 밀려왔지만 나는 성경을 읽고 기도하는 것밖에 할 수 있는 것이 없었다.

> 내가 진실로 진실로 너희에게 이르노니 너희는 곡하고 애통하겠으나 세상은 기뻐하리라 너희는 근심하겠으나 너희 근심이 도리어 기쁨이 되리라 여자가 해산하게 되면 그때가 이르렀으므로 근심하나 아기를 낳으면 세상에 사람 난 기쁨으로 말미암아 그 고통을 다시 기억하지 아니하느니라 지금은 너희가 근심하나 내가 다시 너희를 보리니 너희 마음이 기쁠 것이요 너희 기쁨을 빼앗을 자가 없으리라(요 16:20~22).

아이의 태명이 '기쁨'이라 그런지 요한복음 16장 20~22절 말씀이 쏙 들어왔다. 뱃속 아이도 성경을 읽어주면 태동을 보이고 좋아하는 느낌이 들었다. 그렇게 성경 66권 중 거의 마지막을 읽어가는 중이었다. 병원에서는 처음 상태와 달라진 게 없다는 말만 계속했다.

꾀를 부려서 몸 상태와 맞춰 남은 성경을 읽어나갈까? 그냥 마저 다 읽고 기도에만 매달릴까? 별별 생각이 다 들었지만 차분히 맘을 다시 먹고 남은 성경을 천천히 읽기 시작했다. 말씀이 한두 장 남았을까? 엎드려 성경에 고개를 묻고 나는 하나님께 물었다.

"하나님, 성경을 거의 읽어가는데 언제 퇴원시켜주실 건가요?"

그때 내 등 뒤에서 의사선생님의 목소리가 들려왔다.

"박혜경 씨, 뭐하세요? 퇴원 준비하셔야죠."

정말 기적과도 같았다. 신실하신 나의 하나님께서 약속을 지키시고 내 삶에 다시 한 번 새로운 일을 행하신 것이었다. 기쁨이는 본명도 '기쁨'이가 되어 하나님의 기쁨으로 잘 성장하고 있다.

'주님, 주님의 전적인 은혜로 가족이 구원받고 주 안에서 새로운 삶을 살게 되었습니다. 세상이 비록 나를 사랑하지 않더라도 주님께서 날 사랑하시고 세상에서 날 가장 아껴주는 착한 남편과 예쁜 딸을 주셨으니 더 이상 소원이 없습니다.'

나는 현재 선교사가 비전인 남편을 따라 하루하루 삶에서 주님의 훈련을 받으며 살고 있다. 사실 세상이 만만치 않으니 물질에 허덕일 때도 있고 사람에게 치이며 상처받고 또 상처를 줄 때도 있다. 하지만 주님을 모르고 죽음 안에서 허덕이며 살았던 예전에 비할 수 있을까. 날마다 내 삶에 새 일을 행하시는 주님께 모든 영광과 찬송을 올릴 뿐이다.

너희 착한 행실을 보고 하늘에 계신
　　너희 아버지께 영광을 돌리게 하라.
마 5:16

하나님이
주신
귀한이름

송순덕

나의 어린 시절을 기억해보면 노래 부르기를 좋아하고, 음악만 흘러나오면 리듬을 타며 춤추기를 좋아하고, 어떤 운동이든지 좋아하는 그런 밝고 명랑한 소녀였다. 그리고 딸 넷에 아들 하나 중 셋째로서 언니 친구도 내 친구, 오빠 친구도 내 친구, 동생 친구도 내 친구, 부모님의 친구 분들까지 너무나도 풍성한 친구 관계 속에서 부족함 없이 지내다 보니 "인생은 참! 재미있고 행복한 것이다"라는 생각으로 살았다.

단 한 가지, 다름 아닌 내 이름 송순덕만 빼놓고. 송순덕이라는 이름을 듣는 순간 '참 예쁘다!'라는 생각과는 거리가 멀다. 게다가 내 이름은 처음부터 송순덕이 아니었다.

내 이름은 송순덕

나는 원래 1964년 5월 12일생이다. 그러나 호적은 1966년 12월 20일생으로 되어 있다. 왜냐하면 엄마가 열 명의 자식을 낳으셨는데 다섯 명은 잃고 다섯 명만 키우셨다. 호적에 자식을 올렸다가 죽으면 사망신고를 하는 아픔을 당하셔야만 했다.

그런 일이 내 앞에서 몇 번 있다 보니 부모님께서 호적을 2년이 흘러 3년이 다 될 즈음에 올리셨다. 그동안에 내 이름은 '아이가 너무 순하다'고 순딩이라고 불렸다. 그렇게 내 이름은 송순딩이었다. 그리고 1966년 12월 20일에 호적을 올리게 되었는데 '딩'이 문제였다. 이때만 해도 한글이 호적에 오르지 못했기 때문이다. 구청 직원은 "송은 은진 '송', 순은 순할 '순', 딩은… 없네요. 아무리 옥편을 찾아봐도 없습니다. 딩 대신 비슷한 큰 덕이 있는데 괜찮겠죠?"라고 말하면서 내 이름 '宋順德'이 탄생했다.

차라리 몰랐으면 좋았을 것을 내 이름이 부모님께서 지은 것이 아닌 구청 직원이 지어준 것이라니…. 나는 '내 이름도 유리, 정아, 경아처럼 예쁜 이름이면 얼마나 좋을까?' 하며 실망하였다. 더군다나 내 이름에 더욱 주눅 들어 했던 사건이 있었다. 어린 시절 TV 연속극을 아주 좋아했는데 극중 가정부 이름은 언제나 순덕이가 단골손님이었다. 자존심이 상한 나에게 또 하나의 결정타가 있다. TV 속 가정부가 요리를 하다가 "순덕아! 밥 먹어라"라는 장면이었다. 순간 나는 '야호! 드디어 내 이름도 이제 주인집 자녀의 이름인가보다'라고 했더니 강아지가 달려와 밥을 먹는 것이었다.

그때부터 아무에게도 말은 안 했지만 내 이름이 너무 싫어서 이름을 밝히는 것을 꺼려했고 나도 모르게 약간은 소심해지고 주눅이 드는 현상이 나타났다. 나머지는 너무 좋은데 "운동도 잘해, 노래도 잘해, 얼굴도 괜찮아, 친구도 많아, 가족도 화목해, 무엇 하나 걸릴 것이 없는데(웃음) 그 이름에 대한 속상함은 이루 말할 수 없을 정도로 커서 새로운 사람을 만나거나 새로운 환경에서 나를 소개하는 시간을 너무나 싫어했다.

그런데 하필 선생님이 되어 새 학기마다 아이들을 만나서 나의 이름을 소개해야 하는 안타까운 일이 생기다니. 이름 소개하는 것이 너무 싫어서 그냥 수업을 진행하려면 아이들은 "선생님 성함을 가르쳐주세요"라며 요청을 한다. 하필이면 그 시절은 일지에 주번이 선생님의 이름을 쓰고 학습한 내용을 기록했었다. 그래서 어쩔 수 없이 아이들에게 이름을 가르쳐주면서도 "너희들만 알아"라며 일러주던 우스꽝스런 나의 모습이 떠오른다. 또한 아이들을 좋아하는 것은 천성적으로 타고나다 보니 아이들이 "송 샘!" 하고 부르며 인사하면 좋아라 환영해주고 "순덕 샘!" 하고 인사하면 외면하는 에피소드도 아이들 모르게 나 혼자만의 아픔으로 갖고 있었다.

  그러던 내가 17년 전부터는 완전히 변화되어 나의 이름을 칠판에 한문으로 대문짝만 하게 써놓고 '宋順德' 한자 밑에 은진 송, 순할 순, 큰 덕을 써주며 이름을 소개하는 교사로 바뀌었다. 3월 첫 시간은 내가 만나는 모든 아이에게 이름을 소개했다. 왜냐하면 나를 소개할 때 나의 또 다른 직업까지 소개해야 하기 때문이다. 교사는 당연하고, 교육전도사를 하고 있으며, 오락강사, 상담사로서 봉사를 하고 있음을 소개한다. 전도사라고 하는 명칭 때문에 더욱더 성실하게 더욱더 사랑으로, 더욱더 친근한 교사가 되기 위해 일부러 나 자신을 응원하기 위해 소개한다. 그러면서 아이들에게 이렇게 말한다.

  "선생님이 예전에 담임을 할 때는 반 아이들의 잘못을 기다리지 못하고 혼내고 회초리로 때리고 담배 피는 아이들은 손으로 얼굴을 때리기까지 했던 사람이었다. 그랬던 내가 변했단다. 17년 전부터. 사랑하는 귀한 아들딸들아! 선생님이 예전에는 이러한 사연 때문에 나의 이름을 부끄러워할 뿐만 아니라 창피해할 정도였단다. 그런데 선생님이 17년 전에 큰 태풍을 만나면서 인생의 전환점을 만나게 되었지. 너무나 두렵고, 어둠에 사로잡혀 어찌할 바를 모를 때 하나님께서 나에게 찾아와주셔서 30년 동안 예수님을 배신하고 불신했던 나를 변화시켜주셨는데 참 신기하게도 가장 먼저 이름이 보이기 시작했단다."

"우리 귀한 아들딸들아, 'song'은 우리말로 무엇일까? 노래지. 맞아! 난 노래하는 사람이라는 비밀이 있단다. 무엇을 노래해야 하나? 바로 은진이었어. 은진은 뭘까? 은혜와 진리란다. 은혜와 진리 되신 분은 누구일까?"

"바로 사랑의 예수님이란다. 그렇게 은혜와 진리를 노래하는 사람으로 날 바꿔놓기 시작했단다. 사랑을 노래하는 사람, 용서를 노래하는 사람, 배려를 노래하는 사람, 기다림을 노래하는 사람으로 살라고 은진송이 내 성 속에 있음을 깨달았단다. 순할 순은 무엇일까? 성경에 보면 착한 행실로 하나님께 영광 돌리라는 귀한 말씀이 있는데 바로 나에게 만남을 허락한 우리 귀한 아들딸들의 영혼을 사랑하고 섬겨주는 것이 순할 순의 의미임을 깨달았단다. 마지막으로 큰 덕은, 이 세상에서 가장 큰 덕은 무엇이겠니? 영원한 생명 곧 천국이란다. 내가 이름값을 하며 살면 가장 큰 덕이 온다는 선물이 가득한 이름이었어. 그렇게 창피한 이름, 부모님이 지어준 것도 아닌 구청 직원이 지어준 이름, 강아지 이름으로 나오는 그 이름은 17년 전이나 후나 똑같은 이름인데 하나님을 만나고 나니 뜻이 있고 계획이 있는 귀한 이름이었단다. 내가 변화되어 살다 보니 모든 것이 다 감사하게 되었단다. 훌륭한 아들딸들아! 지금은 선생님이 큰 태풍이 무엇인지 이야기보따리를 풀 수는 없지만 정말로 1년 동안 선생님이 이름값을 했을 때 너희들이 2월 달에 '선생님 궁금합니다. 큰 태풍 이야기 해주세요' 하면 내가 그때는 이야기보따리를 풀게!"

그러나 1년의 시간이 흐르다 보면 아이들은 거의 잊어버린다. 그런데 2008년 한 반이 기억을 하고 요청을 해서 간신히 이야기보따리를 풀었는데 2009년에는 내가 수업 들어가는 모든 반이 기억을 하고 요청을 해왔다. 아이들은 손을 들고 질문한다.

"선생님 언제 태풍 이야기 해주시나요?"

"아니 어떻게 1년 전의 내용을 기억하니?"

"메모지에 기록하고 1년을 기다렸습니다."

이 모양 저 모양으로 아이들과의 관계가 사랑으로 하나 되었을 때 부끄러움을 무릅쓰고 혹시 그 가운데 영혼의 터치가 일어나는 아이가 있다면 얼마나 좋을까? 하는 마음으로 내가 받은 고난의 이야기를 풀어간다.

1년이 마무리되는 2월 달에 두 시간을 할애하여 사용한다. 호기심에 가득 찬 아이들은 숨소리도 들리지 않을 정도다. 그때 파워포인트로 사진 한 장을 띄운다. 뇌성마비 중증 장애인이며 찬양시인인 송명희 씨의 간증 이야기, 그리고 화상 전과 후의 모습이 너무나 다른 이지선 누나의 사진과 간증 이야기, 이어서 나의 사진을 보여주면 아이들은 재미있어하면서 말한다.

"선생님 사진이 더 예뻐요." "실물이 더 나아요!" "사진이 더 어려 보여요!"

아이들은 사진에 관심을 갖다가 다시 진지한 분위기로 바뀐다. 그때 "위의 두 분과는 비교도 안 되지만 하나님을 만나서 변화된 모습이 공통점이란다"라고 말하면서 부족한 내 이야기를 한다.

천국 별이 된 남편

1989년 11월 26일에 사랑하는 남편과 결혼한 지 6개월 만에 임신을 하게 되었는데 동료 선생님이 축하한다며 중국산 보약을 선물로 주셨다. 그 보약을 다 먹고 났는데 9시 뉴스에서 중국산 한약 속에 들어 있는 한 물질을 임산부가 먹으면 아이의 머리가 커진다는 보도가 나왔다. TV 화면에 비치는 한약은 바로 내가 먹은 보약이었다. 나는 얼마나 당황스럽고 놀랬는지 내가 할 수 있는 일을 생각해보았다.

내가 거부했던 옥천고의 신우회 모임, 그리고 내가 거북해했던 우리 집 유일한 예수쟁이 새언니, 참 이상하게도 어려움이 찾아오니 그들이 생각났다. 그 생각을 거절하지 않고 물에 빠진 사람 지푸라기라도 잡는 심정으로 스스로 신우회 모임에 찾아가게 되었고 새언니를 따라 교회에 나가기 시작했다.

믿음 없는 남편도 오직 아이의 머리가 크지 않게 해달라는 바람 하나만으로 열심히 교회에 다녔다. 정기검진 날이 되어 초음파 검사를 받았는데 아이의 머리가 크다고 하였다. 그 결과에 놀라서 더 열심히 성경도 읽고 교회도 열심히 다녔다. 아들의 머리가 정상이 되게 해달라는 이유 하나만을 붙잡고 말이다. 그렇게 염려하는 마음이 가득한 채 출산예정일이 되었다. 그런데 병원에서 일주일 더 있다 오란다.

일주일이 지난 후 병원에서는 또 일주일 후에 오라고 하였는데 그날 밤 12시에 내 몸에서 뭔가 "뚝" 하는 소리가 나더니 뜨거운 물이 흐르는 것이었다. 양수가 터진 것이다. 그렇게 시간이 흘러 12시간 만에 4kg의 아들을 낳았는데, 눈은 빨갛게 충혈되고 기계로 뽑아서 머리 하나가 더 있는 것처럼 보였다. 아이를 보고 놀란 나에게 간호사는 "아들은 건강하고 튼튼합니다. 머리 걱정 안 하셔도 됩니다. 일주일이면 다 들어갈 겁니다"라고 말해주었다.

정말 반가운 소리였다. 그런데 의사선생님이 지나가는 말로 재수 없다는 말을 하는 것이었다. 내가 듣고 무슨 말이냐고 했더니 자궁 수축이 안 되고 하혈이 심해서 자궁을 드러내야 할 것 같다고 하였다. 일주일 전에 나와 똑같은 증상의 환자가 있어서 수술을 했다는 것이다. 그런데 난 이상하리만큼 아무것도 걱정이 안 됐다. 그까짓 것 '내가 체육교사인데 괄약근 수축운동 몇 번 하면 괜찮을 텐데' 하는 생각으로 누워서 괄약근 수축운동을 하고 간호사들은 냉찜질을 해줬다. 그리고 20분쯤 지났을 때 의사선생님이 하시는 말씀이 자궁이 제자리를 찾고 정상이 되었다며 놀래는 것이었다. 나는 그때 하나님의 돌보심을 체험했다.

믿음도 없이 아이의 머리 때문에 교회를 다녔는데도 불구하고 하나님께서는 충북 옥천에서 대전으로 발령나는 축복과 너무나도 건강한 아들을 주셨고 몸의 치료까지 체험하게 하셨다. 그렇게까지 하나님의 도우심으로 환경이 변화되는 경험을 했음에도 불구하고 아들 양육과 직장생활이 바쁘다는 핑계로 교회를 다시 나가지 않았다. 예수님을 만나지 못하고 나의 필요만을 요구하다 그것이 성취되면 대부분의 사람은 다시 세상으로 돌아오게 되는데 나도 그중 하나였다.

그렇게 시간이 흘러 아들이 3살쯤 되었을 때, 처음 보는 야쿠르트 아주머니가 갑자기 가던 길을 멈추고는 나에게 꼭 교회를 나오라는 것이다. 절대 잊지 말고 주일에 교회를 오라는 것이다. 하지만 주일이 되어도 나는 교회를 가지 않았다. 그런데 이상하게도 주일만 되면 야쿠르트 아주머니의 음성이 들리는 듯했다. 그래서 남편에게 교회를 가자고 입을 열었더니 혼자 다녀오라는 것이다.

어느 날 용기를 내어 혼자 교회를 가게 되었는데 그날 난생처음으로 찬송을 부르면서 눈물이 흘러내리는 것이었다. 목사님이 무슨 말씀을 하시는지도 처음으로 귀에 들려왔다. 은혜를 받고 돌아온 나는 남편에게 이제부터 교회에 같이 나가자고 했다. 그랬더니 교회는 무슨 교회냐고 화를 버럭 내며, 오히려 돌아오는 일요일마다 야외로 소풍을 가자고 하였다. 믿음 없는 나는 가정의 평화를 위해 주일이면 음식을 챙겨서 이곳저곳을 쫓아다녔다.

그러던 어느 날 아침, 화장실 문을 열었더니 벽과 바닥에 피가 묻어 있었다. 깜짝 놀라 남편을 깨워 물어보았더니 전날 먹은 돼지고기가 잘못되었는지 자다가 속이 답답해서 토했는데 피가 나왔다는 것이다. 그래서 다음 날 내시경 검사를 했지만 아무 이상이 없으며 위가 깨끗하다고 하였다. 하지만 남편은 계속 소화가 안 된다며 이 병원 저 병원, 이 방법 저 방법을 써가며 치료를 위해 찾아다녔다. 속수무책이었다. 시간은 흘러갔고 살이 빠지기 시작했다. 그 가운데 민간요법을 동원하고 나중에는 증산교까지 찾아갔으며, 증산교에 관련된 책을 사다가 읽기도 했다. 고등학교 때까지 믿음생활을 열심히 했다며 과거의 믿음을 이야기했던 신랑은 이제 예수님을 부인하고 거절하는 상태까지 이르게 되었다.

소화가 안 된다며 고통받는 남편을 바라보며 '혹시 암이면 어떡하나' 하는 두려움이 밀려왔다. 그리고 남편은 친정 부모님의 손에 이끌려 병원에 가서 암 검진을 받았다. 바로 그날 하나님께서는 마음이 약할 대로 약해진 나를 강권해서 교회로 불러주셨다. 알 수 없는 강한 힘에 이끌려 예배당으로 달려간 나는 난생처음 하나님께 울며불며 회개기도를 드렸다. 초등학교 때부터 끊임없이 사람과 환경을 통해 하나님 품으로 불러주시는 사인이 있었음에도 불구하고 끝내 거절하고 배반하기를 밥 먹듯이 했던 나의 모습이 필름 돌아가듯 스쳐갔다. 그러면서 하나님의 사랑 안에서 다시 태어나는 축복의 시간을 허락받았다.

눈 깜짝할 사이 두 시간이 지났다. 그렇게 기도를 한 후 예배당 밖으로 나온 나는 말할 수 없는 기쁨과 평안으로 가득 차 있었다. 그 어떤 환경도 다 이겨낼 것 같은 담대함도 있었다. 세상이 다르게 보였다. 그리고 하나님은 나에게 사람을 통해 선물을 주셨다. 최고의 선물, 원종수 권사님의 간증테이프였다.

암 검진 결과가 나오기 전 일주일 동안 하나님을 만나고 하나님 안에서 성도의 삶을 모두 듣게 되고 은혜도 받게 되는 놀라운 은총의 시간이었다. 새벽기도란 무엇이며, 방언기도는 무엇인지, 질병에서 치료받았던 체험과 예배의 기쁨에 대한 모든 것이 나에게는 너무나 신기했다. 그 간증을 들으면서 나도 그렇게 살고 싶다는 생각으로 가득 차게 되었다.

남편의 암 검진 결과가 나왔다. 위암 4기에다 4개월밖에 살 수 없다는 사형선고를 받았다. 내 인생에 있어서 가장 중요하고도 무서운 이 사건 앞에서 하나님은 나를 먼저 변화시키시고 이겨낼 수 있는 사람으로 준비시켜주셨던 것이다. 바로 이 사건은 하나님 앞에서 늘 겸손할 수밖에 없고 감사할 수밖에 없는 내 인생의 가장 큰 획을 긋는 하나님의 돌보심이었다.

나는 두말할 것 없이 바로 교회의 도움을 받아 철야 팀들과 합심기도를 했다. 아들과 함께 교회에서 잠을 자며 새벽기도를 드리고 출근해서 모든 수업을 감당했다. 그리고 병원에 가서 남편에게 복음을 전하고 다시 교회에 가서 철야기도를 했다.

남편의 구원의 문제를 놓고 그렇게 힘 있게 믿음의 삶을 살 수 있었던 것은 첫째는 하나님의 은혜요, 둘째는 목사님의 정성어린 심방과 전도사님들의 보살핌, 그리고 교회 집사님들의 헌신적인 보살핌이 있었기 때문이다. 남편은 2개월 정도는 믿음을 회복하지 못하고 방황했지만 그 후 주님 앞에 철저히 회개하고 이 땅에서 천국의 기쁨을 맛보고 전도하며 하나님의 사람으로 살다가 암 선고받은 지 4개월 만인 34살에 천국으로 부름을 받았다.

그 후 나와 아들은 10년 동안 교회에서 철야기도하고 잠을 자고 새벽기도를 드리게 되었는데 그렇게 살면서 말로 다 표현 못할 기쁨과 새 힘이 넘쳐나서 사람들을 만나면 전도하지 않고는 살 수 없는 새 사람이 되었다.

주님만 바라보는 훈련

나에게 있어 또 하나의 큰 사건은, 교회에서 3년 정도 잠을 자며 생활했을 즈음이다. 이제는 집에서 잠을 자며 생활해도 믿음을 배반하지 않고 생활할 수 있을 것 같은 마음에 철야 팀들과 인사를 하고 집에서 자기로 결정했다. 집에서 잠자는 기념으로 샤워를 하고 자자며 아들이랑 신나게 샤워를 했다. 그리고 내가 먼저 나와서 정리를 하고 아들을 내오기 위해 화장실 문을 열었다가 기절하는 줄 알았다. 아들의 몸에 머리부터 발끝까지 두드러기가 난 것이다. 무서운 마음에 아들을 거실에 눕혀놓고 무릎 꿇고 두 손을 들었다.

그때 나는, 아람나라의 장군 산헤립의 공격 편지를 받은 히스기야 왕이 성전에 올라가 편지를 펴놓고 철야기도했더니 다음 날 아침 18만 5천의 적군을 죽이신 사건이 떠올랐다. 그래서 나도 아들을 편지 삼아 주님 앞에 펴놓고 기도했다.

"하나님, 제가 남편을 천국 보내고 집에서 자는 게 무서워서, 아니면 외로워서, 철야 팀들과 함께하는 것이 좋아서 그렇게 교회에서 잠을 자며 생활한 것으로 알았습니다. 그러나 이 모든 것이 하나님의 뜻이었고 하나님의 계획이었다면 교회에서 잠을 자며 기도하는 모든 것을 순종하겠습니다. 대신에 표적을 보여주세요. 제 기도가 마칠 때면 반드시 두드러기가 없어지게 해주세요. 그러면 전 다시 아들과 함께 교회로 가겠습니다. 예수님의 이름으로 기도 드립니다. 아멘!"

무슨 일이 벌어졌을까? 그렇다. 아들의 두드러기가 깨끗이 사라진 것이다. 그리고 다시 아들과 함께 교회를 향해 달려갔는데 철야 팀들이 박수를 치며 환영해주었다. 한번 코에 바람이 들어서 그런지 육신이 조금 힘들다 싶으면 아들에게 말한다.

"아들, 오늘 집에서 자면 안 될까?"

말이 떨어지기가 무섭게 얼마 후 아들에게 두드러기가 나고 이제는 코피까지 난다. 그러면 다시 정신 차리고 또 교회로 간다. 이러기를 세 차례. 이제는 두드러기와 쌍코피까지 난다. 이 일로 인해서 아들과 나는 친정과 시댁의 어떤 행사에도 참여하지 못하고 거의 교회생활로만 훈련받게 되었다. 친정 부모님을 의지하는 마음, 다른 가족들을 의지하는 마음, 이 모든 것을 버리게 하시고 오직 하나님만 바라보도록 하셨다. 돌이켜 생각해보면 두 번 다시 경험할 수 없는 값진 시간이었다.

그렇게 시간이 흘러 교회에서 잠자기 시작한 지 5년쯤 되었을 때 아들에게 놀라운 일들이 벌어졌다. 기도하는 사람들에게 성령님께서 임재하시는 것이 보이고, 천사가 성도들을 돕는 것을 보며, 입신해서 천국을 경험하며 예수님을 만나서 응답을 받는 등 주님은 아낌없이 표적을 보여주시며 아들과 나를 길러주셨다. 그리고 하나님께서는 너무나도 사랑하는 교회를 떠나 하나님께서 지시하는 교회로 옮기게 하셨다. 그때의 순종이 가장 마음 아팠던 기억이다.

그곳에서는 참으로 놀라운 훈련이 기다리고 있었다. 평신도로서 교회학교를 이끌어가는 사명을 주셨기 때문이다. 정말 작은 교회였고, 연로하신 목사님이 계셨다. 영성 사역으로 인해 교회학교는 거의 전무한 상태였다. 그러한 교회로 나와 아들을 부르셔서 교회학교를 세우는 사명을 주신 것이다.

토요일이면 전도를 나가서 우리 집으로 아이들을 초대하고, 새소식반을 통해 예배를 드리고, 과자파티를 하고, 학교운동장에 나가 함께 축구를 했다. 마지막 헤어질 때는 꼭 주일에 교회오기로 약속을 하고 주일이면 집에 전화해서 아이들을 깨우고 차로 태워서 교회로 데리고 갔다. 이렇게 시작된 것이 모든 성도의 교사화가 이루어지고 100명이 넘는 어린이들이 세워졌다. 부족한 나의 입술을 통해 말씀이 선포되고 교사 교육을 시키며 상상할 수 없는 일들을 하게 하신 것이다.

해마다 성탄절이면 믿지 않는 부모들을 초청하여 잔치를 했는데 그때마다 오락 놀이로 온 성도와 아이들, 초청된 부모들이 하나 되어 기적을 경험하게 하셨다. 그때 받은 훈련 덕분에 지금은 전국을 다니며 말씀도 전하고 간증도 하며 오락 놀이로 믿음의 사람들을 섬기는 귀한 일들을 하게 되었다.

이렇게 사랑하는 아이들에게 두 시간 동안 이야기보따리를 풀고 졸업으로 인해 아쉬운 이별을 하게 되었다. 그리고 어떻게 하면 사랑하는 졸업생들과 함께 예배를 드릴 수 있을까 하는 생각이 자꾸 났다. '아! 주님께서 뭔가 일하시겠구나' 하는 마음으로 이 기도 제목을 가지고 기도하게 되었다.

새롭게 시작되는 황금어장

3월 첫 주 언제나 변함없이 첫 시간에 나를 소개하는 시간을 갖고, 둘째 시간에 오락 수업을 즐겁게 진행하고, MVP에게 문화상품권 한 장을 선물한다. 그렇게 두 시간의 수업을 정성스럽게 하고 나면 계발활동 부서를 조직하는 시간이다. 그때의 부서명은 "YMCA!" 아이들은 좋아하며 오락 놀이를 하겠다고 온다.

그렇게 온 아이들에게 YMCA 정신을 가르쳐주고 오락 놀이로 섬겨준다. 조 편성을 해서 조장을 뽑고 마음을 여는 꿈 찾기, 비전 찾기 등의 오락 놀이를 하고 전체에게 과자를 주고 1등부터 3등까지 순위를 정해 선물을 준다. 아이들은 아주 좋아하며 나만 지나가면 YMCA 노래를 부른다.

그리고 수업 시간이면 언제나 우리 아이들이 소중한 존재인 것을 자꾸만 터치한다. 언어 사용에 있어서도 지속적으로 노력한다. 특히 체육 시간에 아이들이 실수를 하면 소리 지르며 무시하는 아이들이 의외로 많다. 생각 없이 말하는 아이들에게 "괜찮아!" "그럴 수도 있지." "잘했어!" "힘내자!" 하며 어깨를 잡아 일으켜 세워주는 것을 훈련시킨다.

처음에 아이들은 장난스럽게 시작하지만 점차 칭찬의 언어, 배려의 언어, 섬김의 언어 등을 사용하는 학생들이 늘어났다. 그때마다 칭찬해주고 보너스 점수도 주며 지속적인 관심과 사랑을 보여준다. 욕하는 아이에게는 차츰차츰 욕의 횟수를 줄이자고 말하며 끌어안는다. 자신이 소중한 것처럼 친구들도 소중한 존재임을 인식시켜준다.

그렇게 3월 2주째에 드디어 기도의 응답이 왔다. 내 마음 가운데 너무나도 강하게 '내가 가르치는 2010년의 아이들과 졸업생들이 함께 모여 주일예배를 드려야겠다. 그런데 어떻게 하지?'라는 생각이 들었다. 주님께서는 주일 4시에 모여서 함께 예배드리고 과자파티를 하고 같이 운동하는 순서를 생각나게 해주셨다. 왜냐하면 올해 처음으로 남학생들만 가르치는데 워낙 운동을 좋아하니까 충분히 가능하겠다는 생각이 들었다. 7개 반의 아들들에게 쉬는 시간에 광고를 하고 교회학교 선생님들과 함께 기도했다.

드디어 2010년 3월 14일 첫날! 몇 명이나 올까? 주일 사역을 모두 마치고 학교로 달려왔다. 운동장에 아이들이 보였다. 아! 졸업생도 보였다. 1학년도 보였다. 2학년도 보였다. 얼마나 좋은지 40명이 넘는 아이들과 함께 첫 스타트를 끊고 예배는 계속 이어지고 있다.

아이들의 상황을 살펴보니 교회를 다니는 아이들도 있었지만 대부분 어렸을 때 교회를 나갔지만 지금은 나가지 않고 있는 아이들이었다. 하나님께서는 잃어버린 영혼들을 그렇게 부르시고 섬기도록 하셨다. 한 영혼을 천하보다 귀히 여기시는 하나님을 찬양한다.

우리는 진흙이요 주는 토기장이시니
　　우리는 다 주의 손으로 지으신 것이니이다.
사 64:8

행복한 진흙 덩어리

윤상희

햇빛이 창으로 가득 들어올 때마다 햇살받기는 언제나 즐겁다. 그 따뜻한 빛이 닿지 못할 곳은 전혀 없다. 나의 몸과 마음 구석구석을 빠뜨리지 않고 휘감으면서 하나님 사랑을 느끼게 해준다. 빛은 나를 언제나 빨아들인다. 또 빛은 내 안의 어둠도 드러내준다. 그것이 빛이 부담스러운 까닭이기도 하다. 하지만 하나님은 내게 밝음의 기억만이 아닌 어둠의 기억도 허락하셨다. 그것들로 인해 마음속 괴로운 기억들이 고통스러울 만큼 다 드러나지만 그 감정의 자리야말로 하나님이 나를 가장 가깝게 만나서 따뜻하게 안아주고 싶어 하는 자리라는 것을 믿는다.

내가 어둠의 기억들과 직면할 수 있는 이유는, 그 속내를 다 들

취낼 수 있을 만한 용기가 충만해서가 아니라 내가 이미 받고 있는 하나님의 사랑이 크기 때문이다. 그렇기에 어둠의 존재를 뻔히 알더라도 계속 빛 가운데로 들어가기가, 햇살받기가 즐거운 이유다. 하나님의 사랑이 나와 만날 수 있도록 내 어둠과 직면하여 내면의 깊은 바닥까지 내려가 보기로 했다.

하나님께서 나를 어떻게 인도해오셨는지 인생의 발걸음을 뒤돌아볼 수 있다는 건 고마운 일이다. 또다시 내가 맛보게 될 예수님의 생명력은 시원한 빗줄기처럼 나를 적셔줄 것이다. 그간 내가 겪어온 인생이라는 역사는 하나님의 뜻을 실행하는 장소였음을 가슴 떨리게 고백할 수 있기 때문이다.

나의 과거를 변화시키지 않는 하나님

> 사람이 감당할 시험밖에는 너희가 당한 것이 없나니 … 시험 당할 즈음에 또한 피할 길을 내사 너희로 능히 감당하게 하시느니라(고전 10:13).

'상처'라는 말 앞에만 서면 허둥대는 나를 자주 만났다.

만날수록 내가 점점 피폐해져간다는 걸 알았다. 상처 없인 살 수 없는 사람처럼 상처에 얽매여 있었고 상처부터 떨어져 나오길 원하면서도 사실은 하나님과 단절된 동굴 속에 깊숙이 들어가 나오지 않았다.

난 어린아이가 감당하기 힘든 가정에서 자랐다. 사이좋은 가족 관계까지는 바라지도 않았고 공격하지 않고 공격받지 않는 가족만이라도 되었으면 하고 바랐다. 그 바람은 채워지지 않았다. 우울했다. '서로가 서로를 좋아하고 가족끼리 너무 친한 가족이 부럽다'기보다는 그런 가족을 보면 정말 신기했다. 결혼의 현실을 알아버려서 결혼이란 걸 하지 않기로 다짐했다.

아무 일 없는 멀쩡한 날에도 자면서 수시로 깨어서 가족의 안전을 확인해야 했다. 편안히 다리를 뻗고 숙면을 취하지 못하는 가녀린 어린 양 같은 모습은 유년기를 넘어 사춘기로 이어졌고 청년기까지 계속됐다. 그때의 나는 또래의 보통 아이들보다 동정을 더 받거나, 아니면 업신여김을 받거나, 둘 중 하나의 취급을 받았다. 자라면서 그 나이에 걸맞은 통과의례를 차근히 밟지 못하고 몇 단계씩 건너뛰어야 했다. 애어른이 돼가는 속도에 날개가 달렸다.

행복한 가족이 되는 기대감을 가졌다가 버리기를 반복하면서

'포기'를 배워갔다. 섣불리 기대했다가 돌아올 실망감에 상처받지 않기 위해, 감정 없는 동물처럼 동굴 속에서 아무 기대와 실망 없이 살아가는 길을 터득했다. 애늙은이로 자라면서 내 어린 자아는 성장할 기회를 얻지 못했다. 사랑을 충분히 받지 못한, 결핍이 충만한 어린 자아는 괴물처럼 내 안에서 흉측하게 일그러져가고 있었다. 넉넉지 않은 살림은 얼마든지 참을 수 있었다. 하지만 아버지의 폭행과 주사, 여성편력, 폭언은 정말 참을 수가 없었다. 상실감과 결핍, 분노로 봉인된 어린 자아의 욕구를 표출하지 못한 채, 내 안에 꾹꾹 눌러놓은 에너지는 제어할 수 없을 만큼 커져갔다. 그 에너지가 얼마나 굉장한 힘을 갖고 있는지…. 오늘을 살고 있는 나에게도 과거 억압된 자아는 자꾸만 말을 걸어왔다.

내 과거는 그렇게 나에게 영향을 주고 있었다. 작은 기억들까지도 날 툭툭 건드렸다. 교회에서 과거의 아버지와 정반대인, 하나님을 누구보다 깊이 사랑하고 두려워할 줄 아는 남편을 만나 결혼해서 살고 있으면서도 뭔가가 내 숨통을 꽉 조여오는 것 같아 개운치 않고 답답했다. 게다가 설상가상으로 친정어머니가 아버지와의 불화 끝에 이단교회에 발을 들여놓았다는 비보를 접하게 되었다. 과거의 아픔들과 합세해서 그 비보가 나를 세차게 흔들어

댔다. 나보다 골이 깊은 상처를 받았고 한 번도 치유해본 적 없는 엄마의 고통과 아픔이 고스란히 내 삶의 무게로 얹어졌다. 엄마의 고통을 스펀지처럼 빨아들이는 딸이었기에 난 매일매일이 지옥 같았다. 엄마가 행복해하는 모습을 거의 본 적 없이 자란 나였기에 아주 어렸을 때부터 내 안에 쌓아온 엄마의 아픔은, 이미 내 안에 마련된 엄마의 방에서 폭발 직전이었다. 엄마와 며칠씩 밤을 새가며 성경의 교리와 진실에 대해 아무리 설명하고 설득하려 해도 논쟁밖에 되질 않았다. 엄마를 위해 기도하지 못했다는 것이 너무나 죄송하고 마음이 무너지도록 괴로웠다.

이렇게 괴롭다 보니 내 안에 있는 아버지의 빈자리를 남편으로 채우고자 하는 집착이 본능처럼 나타났다. 남편에게 모든 걸 의지하려고 들었다. 매사에 불안과 초조, 두려움이 하늘을 찌르듯 상승곡선을 타고 내 안에서 널뛰었다. 그러다 보니 자연스레 남편이 벌어다주는 돈에 대해 무개념해지면서 안전에 대한 보상심리로 건강보조식품에 광적으로 집착했다. 건강, 돈, 집, 안전, 아이들, 미래, 과거, 현실, 남편, 내 상처들까지도 모든 것을 내 것으로 움켜쥐고 싶어 했다.

내가 그럴수록 하나님은 남편을 내 곁에서 떼어놓으셨다. 남편이 집을 비우는 장기 출장이 반복되었다. 그때마다 난 밤잠을 자지 못했다. 정신없이 아이들 셋을 키우면서 피곤한 하루하루를 보내고 '불면'의 밤을 보냈다. 특히 남편이 출장을 떠나면 나 혼자 네모진 거실 한 귀퉁이에 앉아 불면의 시간을 '필면(必眠)'의 시간으로 바꾸기 위해 아무 노력도 하지 않았다. 새벽이 되고 동이 트는 노란 광경을 시뻘게진 눈으로 바라보면서 속으로는 완전하게 의연해지지 않았으면서도 겉으로는 의연해진 척 스스로를 속이면서 낮 시간을 보냈다.

분노를 억누르는데 엄청난 에너지가 들어간다는 말은 맞는 말이었다. 난 그때 아이가 셋이었는데 집안 살림은 하나도 하지 못했다. 극심한 빈혈과 생리통이 나를 괴롭혔다. 불면의 밤을 보내며 낮 시간엔 방전 상태로 계속 살다 보니 체력은 이미 바닥난 상태였다. 과거 상처로 인해 불편한 감정과 더불어 엄마를 그렇게 내버려두신 책임을 하나님께 돌리며 늘 우울한 심정이었다. 하지만 여전히 하나님은 단호히 말씀하셨다.

"난 너의 과거를 변화시키지 않을 것이다."

"하나님, 제 과거를 아예 있지도 않았던 일로 만들어달라거나, 기억도 안 나게 해달라거나, 저를 한순간에 슈퍼우먼처럼 만들어

달라고 응석부리는 게 아니란 거 잘 아시잖아요. 저 잠 좀 자게 해주세요. 하나님은 사랑하는 자에게 잠을 주시는 분이라면서요?"

"난 너의 과거에도 네게 가장 좋은 것으로 주었다."

"하나님, 저 그거 잘 모르겠어요. 그걸 머리로 외우라면 외울 수는 있어요. 하지만 제 가슴이 이렇게 생뚱맞게 머리와 다르게 반응하잖아요. 제가 지금 머리로만 하나님을 인식하고 눈치만 보고 있는 건가요? 제가 느끼는 저의 과거는요, 참을 수 없을 만큼 가장 좋지 않은 거였어요! 그게 왜 저한테 가장 좋은 거죠? 제가 얼마나 말도 안 되게 힘들었는지 누구보다 더 잘 아시잖아요. 왜 그걸 겪게 하셨죠? 그리고 그 분노가 지금까지 저를 괴롭히는데 하나님은 보고만 계시죠? 가만히 있어도 화가 머리끝까지 치밀어 올라요! 이런 제 연약함, 이럴 수밖에 없는 저에 대해 그냥 이해해주시면 안 돼요?"

"난 네 장래에 은혜를 베풀 거란다."

"하나님에 대한 제 기대도 그래요. 제가 작은 것에 걸려 넘어질지라도. 제 악함으로 절망하는 때에, 예수님이 피 흘리신 십자가의 능력이 죄를 이기고 부활하신 예수님이 저를 순간순간 살리시겠죠. 전 제가 생각해왔던 것보다 너무나 쉽게 무너지던 걸요! 감정적으로나 다른 면에서나. 제 자신이 망가지는 걸 보면서 아버지의 '은혜'가 떠올랐습니다. 아이들한테 과거 저의 쓰레기 같은 감정들이 반복적으로 전수되는 걸 어쩔 수 없이 보게 돼요. 쓴뿌리로, 분노로, 억압으로, 아이들에게 규제하려고 해요. 아이들을 있는 모습 그대로 사랑하기가 힘들고 괴로워요. 제 자신을 제가 조절할 수 없는 상황이 너무 많아요. 그런 저를 보면 화가 치밀어요. 구하고 또 구합니다. 과거로부터의 자유. 오래 걸릴까요? 깊은 '필면' 상태로 가는 것도 오래 걸릴까요? 장래에 베푸실 은혜 중에 반드시 저를 단순무념 모드로 바꾸어주시길 빼놓지 않고 구합니다. 엄마와 아빠의 장래에도 은혜를 베푸시길 간절히 구합니다."

난 그날 밤 거실 귀퉁이에서 하나님과 씨름하며 불면의 시간을 보냈다. 어린 내 자아와 솔직히 직면하지 않고 보듬어주지 못하니 하나님을 사랑하지 않은 채로 살아가기가 쉬웠다. 내 자신을 사랑해주지 못했다. 곧바로 내 몸이 이상신호를 보내왔다. 빈혈과 생리통이 범상치 않은 수준이었던 것은 자궁 속 난소에 자리 잡은 커다란 물혹 때문이었다. 나의 믿음이 얼마나 연약하고 기복이 얼마나 심한지 건강에 문제가 생기니 더욱 이기적인 사람이 되었다.

나보다 나를 더 잘 아시는 하나님

내 영혼을 소생시키시고 자기 이름을 위하여 의의 길로 인도하시는도다 (시 23:3).

하나님은 나를 원하셨기에 남편을 계속 출장지로 보내셨다. 그리고 첫째아들 원찬이가 갑자기 머리를 땅에 박아 두개골이 골절되는 사고를 당하게 되었다. 원찬이는 내가 누군지도 못 알아보더니 정신을 못 차리고 귀에서 피가 철철 흘러내렸다. 난 아들을 들쳐 안고 "하나님 원찬이 살려주세요! 원찬이 제발 살려주세요!" 하고 냅다 소리쳤다.

그리고 119가 아닌 남편에게 전화를 걸었지만 남편은 출장지에서 나오는 것이 불가능했다. 끈 떨어진 연이 되는 순간이었다. 휴대폰도 방전되었다. 하나님은 남편의 '껌딱지'인 내가 하나님만을 의지하게 하기 위해 내 손에 움켜쥐고 있는 것들을 버리게 하셨다. 아들의 사고를 통해 남편을 내 것이 아닌 하나님 것으로 내려놓게 하셨고 안전과 건강에 대해 두려워하는 내 불신앙의 마음을 매만지길 원하셨다. 더 이상의 소모, 더 이상의 불면, 더 이상의 우울은 나에게 가장 좋지 않은 길이었기에 허락지 않으셨다.

원찬이 두개골의 골절 부위는 모든 시각, 청각 신경을 교묘하게 빗겨가면서 금이 가 있었다. 그리고 의사선생님이 철석같이 믿던 고막 파열도 원찬이에겐 일어나지 않았다. 다만 항생제 부작용으로 아이는 2주 넘게 병원에서 시종 누워 있다가 집으로 돌아올 수 있었다.

'침체' 상태인 내 자신을 '정체'라고 두둔했었는데, 하나님은 내 죄에 대해 묵과하지 않으셨다. 정체든지 침체든지 여하튼, 내가 믿음으로 살지 않는 그 수준에 머물러 있는 것을 결코 원하지 않으셨다. 내 몸과 마음의 주인을 주님께 내어드리길 꺼렸던 믿음 없음으로 인해, 병원에 있는 동안 내 가슴이 무너졌다. 아프기는 아들이 아픈데, 꼼짝 않고 누워 있는 아들은 온종일 나를 향해 방실방실 웃음을 선사해주었고 하나님 앞에서 나의 통증만이 있었던 것 같다. 성장통….

병실 보조침대에 누워서 아침 햇살을 맞이한다는 것이 얼마나 감사한지, 아들이 날 보며 웃어줄 때 눈물이 울컥 솟구치는 걸 꾹꾹 참은 것이 한두 번이 아니었다.

'그래, 내 것이 아닌 거야.'

절대안정을 취해야 했던 원찬이는 누워서 밥을 먹었다. 누워서 배설물들을 해결하면서도 아무 사심 없이 감사해야만 했다. 아들의 순수함 때문에 내 복잡한 정신세계가 오히려 단순해지는 기회를 얻었다. 하나님은 헤어지고 상처투성이였던 피해의식과 보상심리에만 집중돼 있던 나를, 치유하시는 하나님께로 인도하셨다.

나의 죄를 깨닫게 하시는 것 또한 은혜라는 것을, 전적인 성령님의 은혜라는 것을 생각하면 감사의 마음뿐이다. 내가 알고 있는 내가 아니라 주님의 빛 가운데 밝히 드러나는 내가 바로 진정한 나라는 것. 비록 내가 그 사랑과 인내하심을 다 알지 못하더라도 주님은 그러하신 분이라고 성경에 써주셨음이 또 얼마나 감사한지. 주님의 빛 앞에서 드러나는 진정한 나를 발견하는 그 여정을 통해 포기하지 말고 당당히 걸어가고 싶다는 믿음이 생겨나기 시작했다.

원찬이가 안정기를 잘 보내고 학교를 다시 다니게 되자 내 몸이 38년 동안 얼마나 힘들었는지 목 놓아 우는 것처럼 아파오기 시작했다. 빈혈이 악성으로 떨어졌고 난소 물혹 크기가 14cm를 육박하기에 이르렀다. 수술을 하기로 결정했지만 빈혈 상태가 좋지 않아 약속한 날짜에 수술을 받지 못할지도 모를 상황이 되었다. 헤

모글로빈 수치가 너무 낮으면 마취를 할 수 없기 때문이다. 수혈을 받기로 결정했다. 나처럼 까다로운 환자는 수혈받기 전에 걱정도 많고 따지는 것도 많은 법인데, 악성 빈혈인데다가 하루 금식까지 하면 그야말로 하늘이 땅에 꺼질 것 같은 어지러움이 몰려와 나를 가라앉혔다. 너무 어지러워 정신이 아득해져서 눈꺼풀을 치켜뜰 기운조차 없었다.

그런데 그때 누군지도 모르는 사람의 피가 내 몸으로 유유히 흘러들어왔다. 피의 생명력은 상쾌한 차가움이었다. 늘 귓속에 포진해있던 분열된 난잡한 소음들이 엉켜 저마다의 소리를 냈었는데, 한순간 일시에 정지되었다. 수혈을 받으니 멍하고 어지러운 정신이 똑바로 차려지면서 땅으로 떨어져 있던 하늘이 다시 위로 올라가는 것 같았다. 내가 감당 못할 임재를 느꼈다. 그 임재 앞에서 말씀을 펼쳤다. 예수님이 하신 말씀과 만났다.

"상희야. 내가 너를 안다. 네 아픔을 안다. 네가 낫길 바라니 보아라. 사람의 피도 너를 이렇게 살리고 있는데, 내가 흘린 피는 너의 모든 걸 완전하게 살린단다. 내 피를 의지해봤니? 나를 붙잡아. 내 품에 안겨."

나는 예수님이 병자를 살리신 말씀을 생각하며 펑펑 울었다. 가슴에서 뜨거운 것들이 솟구쳐 올라왔다. 가장 볼품없고 두려운 순간에 찾아오시는 예수님은 내가 나보다도 잘되길 바라는 분이었다. 이렇게 직접 피를 경험하게 하시면서까지 날 만나길 원하셨던 것이다. 그간 짧지 않은 시간 동안 예수님의 고난과 부활을 머리로만 이해하려고 했던 나의 성의 없는 믿음이 부끄러워졌다. 예수님은 그분이 정하신 가장 좋은 때에 날 찾아오시는 최고의 위로자, 치료자셨다. 예수님만이 내 모든 것을 완전하게 살리실 수 있다는, 나의 온전한 믿음을 기다리신 것이다. 예수님께서 고난의 길을 가실 때 예수님을 향해 눈물짓던 사람들에게 하신 말씀과 만났다.

"너와 네 자녀를 위해 울라."

과거의 나와 만나기 원하시는 하나님

우리가 알거니와 하나님을 사랑하는 자 곧 그의 뜻대로 부르심을 입은 자들에게는 모든 것이 합력하여 선을 이루느니라 (롬 8:28).

난소 제거 수술을 마치고 체력은 또 한 번의 바닥을 친 후 기력을 회복해나갔다. 반드시 회복하고 싶었던 건 과거의 내가 지금의 나를 더 이상 어쩌지 못하기를, 그때의 나를 위해 더 이상 지금의 내가 울지 않기만을, 내일의 나도 현재의 나 때문에 울지 않을 것을 위해 기도하게 되었다. 과거와 지금의 나 사이에 건강한 '경계선 긋기'를 명백하게 해두고 싶었다. 내 안에 감춰져 있는 정신분열 증상과 우울증이 더 이상 나를 좌지우지 못하도록 하고 싶었다. 피 묻은 예수님의 손을 덥석 잡았으니 이제 완전한 치유를 바라는 한 그 품에 계속 안겨 있는 것만이 내가 할 수 있는 유일한 믿음의 행위였다. 하나님이 지난날의 나를 인도하신 이유와 비전을 보여주실 것이라는 마음이 내 안에 싹트기 시작했다.

　하나님은 충분히 공감받지 못하고 사랑이 결핍돼 있는 내 어린 자아를 지금의 내가 만나주는 작업으로 이끄셨다. 그때 울지 못했던, 공감받지 못했던 나의 모습 그대로를 지금의 내가 받아들여줘야만 했다. 충분히 애도하는 시간이 필요했다. 난 곧바로 내 어린 자아에게 편지를 쓰기 시작했다. 바닥까지 내려간 괴로운 감정의 자리야말로 하나님이 나를 가장 가깝게 만나서 따뜻하게 안아주고 싶어 하시는 자리라는 걸 믿었기 때문이다.

어린 상희야, 사랑하는 상희야!

매서운 바람이 불고 있음에도, 새벽녘 골목길에서 물듯이 달려드는 개와 마주치는 걸 무서워하면서도, 술에 취해 정신이 나간 한량들의 고함에 가슴이 무너지면서도, 그 새벽에 집에 들어가지 못했구나. 그래 알아. 다 부서진 집안 살림을 공중제비 하듯 뛰어넘고 어린 네 몸을 보호하기 위해 집 밖으로 뛰쳐나올 수밖에 없던 그 사정. 알고 있어. 너에게 잠시 몸을 쉬게 해줄 곳이 없는지 다급한 가슴으로 찾고 있구나. 불이 켜진 집도 없고 가로등도 없는 어두컴컴한 길을 걸어야 할 땐 이웃집의 초인종을 누르고 싶은 마음이 간절하겠지만, 이미 그들에게 받은 보호와 사랑을 넌 잘 알고 있으니까. 이웃의 단잠을 더 이상 방해하진 말아야겠지. 그럼 어디로 가려고 하니? 그쪽으로 가는 걸 보니 교회로 가려는 모양이구나.

상희야, 괜찮아. 경찰서로 가도 돼. 네가 경찰서에 가 있다 해서 엄마가 더 괴로운 일을 당하진 않아. 넌 그런 걱정을 하고 있구나. 항상 문이 열려 있는 교회로 들어가도 된단다. 매서운 바람을 그대로 맞기엔 넌 너무 얇게 입고 있잖니. 지금 네가 서 있는 차가운 땅이 내 눈에는 빙판으로 보이는데, 넌 안 그러니? 빙판 한가운데 미끄러져 파닥거리며 걷지도 날지도 못하는 너의 조그만 날개를 쉬게 해야잖니. 그대로 두면 그 작은 날개마저 얼어버릴 거야. 너의 쉬지 않는 파닥거림으로 온기를 잃지 않으면 된다고? 네 날갯짓으로 어디를 가려고 하는 거야. 지금 너는 오로지 엄마 걱정만을 하고 있지만, 엄마의 안전은 하나님이 지켜주신단다. 넌 날지는 못하고 가슴만 파닥거리고 있구나.

상희야, 엄마를 위해 날려고 하지 마. 엄마 몫까지 네가 날아줄 수 없어. 넌 너 자신만을 위해 날아야 해. 일단 너 자신을 좀 불쌍히 여길 줄 알아봐. 시커먼 어둠 한가운데 벌벌 떨고 서 있는 네 자신을 좀 봐. 어디로 갈거니? 지금 무척 고단하지? 울고 싶지 않니? 울어도 괜찮아 상희야. 이런 야반도주를 겪은 다음 날에도 아무 일 없었다는 듯, 인형처럼 제자리로 돌아가야 하니까. 미리 실컷 울어둬. 돌아가서는 아빠를 아빠로 불러야 하고 엄마를 병원에 입원시켜야 하니까 지금 울어둬. 기분이 안 좋지? 정신을 어디다 놓고 사는지 의식이 안 되지? 네 정신을 다시 찾아 제자리에 놓고 살 여유가 없을 거야. 힘들 때가 많을 거야. 우리 상희 힘들 거야.

상희야, 혼자 아무도 모르게 눈물 흘릴 때도 있지? 있을 거야. 그걸 인정하렴. 모두가 다르게 생긴 것처럼 이 세상 사람 모두가(한 사람도 예외 없이) 다른 기억과 아픔을 가지고 있단다. 모두가 자기 몫의 눈물을 가지고 있단다. 그게 없는 사람은 없어. 그런데 네 몫은 그것인 모양이다. 울어도 괜찮아. 실컷 울어. 네가 울면 지금의 나도 마음이 찢어지게 아파. 네가 울 때 지금의 나도 함께 울고 있을 거야. 그러나 지금 내가 너를 위해 아무리 함께 운다 해도 너의 몫은 오로지 너의 것이겠지. 네가 속이 시원해질 만큼 울면 네가 눈물을 참고 있는 것보단 그나마 낫다. 그런데 상희야, 울기만 하면 안 돼. 울었으면 이제 눈물을 거두고 네가 느끼는 감정, 어려움을 찬찬히 들여다 봐. 그게 어떻게 생겼니? 얼마나 크니? 어떤 기분이니? 어떤 때 가장 힘드니? 네 마음을 부인하지 말고 해부하듯 쪼개서 들춰봐. 무의식이 완전한 사람은 없단다. 단지 그걸 얼마만큼 아는가가 다를 뿐이지. 모르면 휘둘리니까 되도록 많이 알도록 해야 해. 네가 상처라고 생각하는 그 감정을 가볍게 다루지도 마. 결국은 너와 지금의 내가 맞서 싸워야 하는 거니까. 그러나 알았다고 해서 그것들이 모두 해결되는 건 아니야. 근본적으로 상희 네가 딛고 서 있는 빙판길이 하나님을 가까이 만나게 하는 축복의 장소임을 알아야 한다. 도저히 이해가 되지 않을 거야. 네가 지금 매서운 바람을 맨몸으로 맞으며 서 있는 빙판이 하나님이 널 위해 그리신 그림 중 하나라는 걸. 하나님은 그 빙판에서 널 만나기로 작정하셨고 그곳에서 널 부르셨다는 걸. 너에게 꼭 이 말을 해주고 싶구나. 너와 나를 키운 건 팔 할의 바람이다. 그 팔 할의 바람이 너와 나를 하나님께로 인도한 생명 같은 재료로 쓰여졌다는 거야.

상희야, 지금 네가 겪고 있는 모든 것은, 너를 키워나가는 데 하나도 버릴 것이 없단다. 네가 지금 느끼는 그 힘듦은 네가 뭘 잘못했기 때문에 벌을 받고 있는 게 아니야. 아빠의 인생, 엄마의 인생의 말로 표현 못할 고통과 안타까움들. 네 잘못이 아니야. 네가 책임져야 할 일은 더더욱 아니야. 네가 뭘 잘못했기 때문에 그 슬픔을 느껴야 하는 것도 아니야. 네 잘못으로 네가 빙판 한가운데 서 있는 게 아니야. 그 모든 것을 네 인생의 그릇으로, 밑그림으로 그릴 만큼 하나님이 널 대단하게 대해주신 거야. 네 밑그림을 그렇게 그리셨어야만 했던 하나님의 뜻을 우리 믿어보자.

상희야, 나는 이제 확실히 안다. 슬픔이 없는 사람이 어디 있을까? 슬픔 없이 성숙한 사람이 어디 있을까? 하나님은 그런 상황 속에서 내가 하나님께로만 피하길, 하나님만 의지하길 원하신다는 걸 알았단다. 상처투성이 그 자체로 하나님께 나아와 울부짖길 원하시는 거야. 나에게 유일한 힘의 원천이 되길 원하셨으니까. 그리고 한걸음 더 나아가서 진정 사랑하는 법을 연습해보길 원하신다는 것을 깨닫게 하셨단다. 자신만의 아픔을 극복하여 세상을 넉넉히 사랑할 저력을 기른 이들이 얼마나 많은지. 네가 성경을 찬찬히 살펴보면 금세 찾을 수 있을 거야. 하나님이 원하시는 바는 너와 늘 만나서 사귀며 너의 눈물을 닦아주시며 널 사랑한다 말씀하시고 그 마음을 네가 받아들이는 거였어. 또 하나님이 원하시는 건 너와 지금의 내가 성숙해지는 것이더라.

빙판길에 서 있는 네가 아무리 고통스럽더라도, 슬픔은 우리 영혼에 유익하다는 걸 꼭 마지막으로 말해주고 싶구나. 그 빙판길은 하나님이 그때 너에게는 최고의 피할 길로 주신 것이란다. 내가 30을 훌쩍 뛰어넘게 살면서 깨달은 거야. 너와 내가 겪은 진한 슬픔은 10대도 되지 않은 어린 네가 감당 못할 슬픔은

종종 내 삶에서 불필요한 허섭스레기들이 떨어져나가도록 만들기도 하더라. 진한 슬픔은 또 나로 하여금 인생에서 무엇이 가장 중요한가라는 근본적인 물음을 던지게 만들더라. 이 물음에 대한 확실한 답을 얻었기에 꼭 너에게 편지를 쓰고 싶었어. 그 빙판길은 하나님이 허리를 굽혀 나의 인생으로 직접 들어오셨던 긍휼의 자리였다는 걸 말이야. 빙판 한가운데 서 있는 너를 위해 기도한다. 네가 겪는 고통을 없애달라는 기도는 어린 네가 충분히 드렸을 테니, 지금의 나는 고통을 넉넉히 이기는 힘을 달라고, 예수님께 매일 안기며 평안을 누리게 해달라고, 소망을 품고 인내하게 해달라고 기도할게.

상희야, 사랑한다. 넌 너무나 소중하단다.

난 내 생일을 맞아 내 어린 자아에게 이 편지를 썼다. 쓰면서 엉엉 울었다. 내 어린 자아를 애도해줬다. 써내려가면서 내 밑바닥에 깔렸던 시궁창 같은 눈물들을 몽땅 꺼냈다. 방울방울 진주알처럼 영롱한 것들이 내 몸 밖으로 빠져나왔다. '이해할 수 없을 때라도 감사하며 날마다 순종하며 주 따르오리다.' 이 찬양을 불렀다. 하나님의 생각과 하나님의 시간은 우리의 수준, 차원과 다르시며 하나님이 정하신 그 시간을 인내할 수 있는 힘은 오직 믿음 밖에 없음을 고백하게 되었다. 역시 잃는다고 다 잃는 것이 아니고 얻는다고 다 얻는 것도 아니다. 하나님은 합력하여 선을 이루어나가시는 분이므로 어떤 것이든 날 위해 사용하신다. 하나도 버릴 것이 없게 인도하시고 내 있는 모습 그대로를 사용하길 원하신다. 날 이 땅에 보내신 하나님의 계획과 목적에 감사하는 첫 생일을 맞이했다. 나의 재탄생일과도 같은 날이었다. 내 영혼이 리본(reborn)을 소유하게 된 날이었다.

결핍을 소명으로 이끄신 하나님

> 사람이 마음으로 자기의 길을 계획할지라도 그의 걸음을 인도하시는 이는 여호와시니라(잠 16:9).

내 영혼이 다시 태어나기 훨씬 전에, 깊은 골짜기를 힘겹게 건너가는 와중에 난 딸을 입양했다. 실수가 없으신 하나님이심을 고려해볼 때, 준비가 하나도 돼 있지 않은 상태에서 딸을 만나게 하신 건, 내가 내 어린 자아와 딸을 동시에 보살피기를 원하신 것 같다. 내 결핍을 있는 그대로 들어 사용하신 것이다. 결핍이 소명이 되기도 하는 순간이었다. 하나님은 연약하고 어리석은 것들을 들어 쓰시겠다는 약속을 내 안에서 말씀대로 이루길 원하셨다. 그걸 기뻐하셨다.

입양은 결혼 전부터 확고한 신념처럼 갖고 있었다. 나와 결혼할 남자는 반드시 입양을 하고 싶어 하는 남자여야만 했다. 하나님을 사랑하고 날 사랑함이 큰 남편은 내게 프러포즈를 할 때 입양을 결혼의 유일한 조건으로 제시받았다. 어떻게 난 뜬금없이 그럴 수 있었고, 또 내 남편은 어쩌자고 그걸 넙죽 받아들일 수 있었을까? 하나님의 계획은 이렇게 우리의 이성을 뛰어넘게도 하신다.

결혼하자마자 아들 둘을 내리 낳고 정신없이 키우다 보니 육아는 상상했던 것보다 너무나 힘이 부쳤다. 내가 안팎으로 아팠으니 아이들도 자주 아팠다. 매우 심하게 아토피를 겪었던 둘째 원정을 키우면서는 정말 이러다 내가 먼저 죽을지도 모르겠다는 위기의식으로 밤을 꼴딱 지새는 날이 부지기수였다. 끝이 안 보이는 원정이의 아토피 증상 앞에 난 또 한없이 작아져만 갔다. 완치를 보장받을 수 없는 아토피는 또 하나의 재앙이었다. 그렇지만 하나님은 다른 그림을 그리고 계셨다. 내게 허락하신 것으로 사용하길 원하셨다.

원정이가 밤새 몸을 긁어대며 고통으로 잠 못 자는 시간들을 함께 보낼 때, 나는 엄마로서 아무것도 해줄 것이 없었다. 자연요법과 유기농 식단 등 물리적인 노력들은 많이 했지만 원정이의 고통을 감해줄 분은 하나님뿐이었다. 여러 가지 합병증으로 고생하는 원정이를 끌어안고 난 두 가지 마음으로 하나님 앞에 섰다.

"하나님, 육아가 진정 이런 것밖에 없는 것이라면 저 입양 못하겠어요. 절대 못합니다! 입양도 결국 육아일 텐데 저 이런 육아 또 하기 싫어요."

"하나님, 원정이가 많이 아파합니다. '엄마!' 소리를 내며 엉엉 웁니다. 제가 엄마이기에 하나님께 원정이를 올려드리며 기도드릴 따름입니다. 엄마 아빠 품에서 울지도 못하고 '엄마!' 소리를 내어도 허공에 울려야 하는 빈 가슴으로 살아가는 아이들이 떠오릅니다. 아파도 혼자 울어야 하는 아이들이 지금도 울고 있겠죠. 그래서 가슴이 아픕니다. 아픈 원정이를 안고 있자니 그 심정이 더 헤아려집니다."

하나님께 개미소리만큼 아니 신음도 들리지 않을 만큼 마음속으로 앵앵거리듯 말했다. 큰 소리로 말씀드리면 당장 응답해주실 것 같아서 덜컹 겁이 나서, 작은 소리로 궁얼거렸다. 육아는 내 마음대로 되는 것이 하나도 없게 했고 내 계획대로 진행되지도 않았고, 아이들을 완전한 인격체로 용납하는 것도 내 미성숙한 자아로는 힘이 부쳤고, 늘 아이들 앞에서 새로운 나를 대기시켜야 하고 내 존재를 버려야 하고 내가 내 발전을 위해 하고 싶은 모든 욕구를 포기하게 만들고 무엇보다 잠도 못 자게 만들었으니까! 세상에서 제일 힘든 건 육아였으니까!

그러나 결국 마음에 소원을 두고 행하게 하시는 이는 하나님이라는 믿음을 갖게 하셨다. 입양에 대해 내가 가진 걱정들은 아이들이 엄마 아빠 품에서 사랑을 받고 자라야 하는 그 절박한 필요 앞에선 그저 '관념'일 뿐이지 않을까 하는 마음이 떠나질 않았다. 내 결핍을 소명으로 바꾸시는 하나님의 솜씨였다. 용기가 충만해서도 아니었고 겁이 전혀 없는 상태는 더더욱 아니었으며 아이들을 선천적으로 좋아해서도 아니었다. 하나님의 날 향한 손길을 기대하는 마음조차 그분이 주신 것이다. 눈에 넣어도 아프지 않을 우리 딸을 만나기로 결정했다. 원찬이 원정이는 TV에서 보육원이 나올 때마다 "저 중에서 누가 우리 여동생이 될 거에요?"라고 물었다. 아이들 반응이 너무 웃기고 신기했고, 동생을 빨리 만나고 싶어 하는 그 마음이 눈물 나게 고마웠다. 이건 내가 줄 수 있는 선한 영향력이 아니었다. 우리 가족은 공개 입양을 선택했다. 아이와 만나기 전부터 우린 하나님의 온전한 선물인 아이의 존재를 숨길 필요를 느끼지 못했고 오히려 많은 기도와 풍성한 축복 속에 시작하고 싶었다. 아들 둘이 태어났을 때와 다를 바 없는 축하를 받고 싶었다. 그게 아이한테도 좋을 거라는 믿음이 있었다. 그리고 딸아이 이름을 오세은으로 지었다. 하나님이 주신 많은 은혜 중에 '세 번째 은혜'라는 뜻으로, 첫 번째 은혜는 오원찬, 두 번째 은혜는 오원정, 세 번째 은혜는 오세은이었다. 세은이는 우리 안에 이미 그 존재감이 꽉 차 있었다. 아이들과 입양 동화를 사서 읽기 시작했다.

원정이는 나날이 건강해져서 아토피를 거뜬히 이겨내주었다. 밤에 2시간을 내리 자본 적 없던 아이가, 한 번도 안 깨고 잘 자는 아이가 되었고 병원을 거의 매일 다녔던 아이가 병원 근처도 갈 필요 없는 아이가 되었다. 입양, 하나님이 기뻐하시는 일이니 하나님이 이루어나가셨다. 난 꿈만 줄기차게 열심히 꿔왔다는 것 빼고는 딸을 맡기 위해 아무것도 한 일이 없었다. 하나님이 일하시는 걸 보며 감탄하며 때론 박수쳐드리고 '최고의 수혜자가 될 것이다'라는 믿음만이 내 안에 있었다.

부모님의 권유(?)에 따라 입양하기 전에 상상할 수 있는 한 최악의 시나리오를 미리 써보기로 했다. 내 자신과의 인터뷰를 솔직하게 진행했다. 다른 건 나에겐 별 문제가 되지 않았는데 세 가지 정도가 목구멍에 걸려 날 캑캑거리게 만들었다.

'내가 아들들과 세은이를 똑같이 사랑할 수 있을까?', '세은이가 삐뚤어지게 자라거나 갑자기 심한 병에 걸리면 어떡하지?', '나중에 다 커서 아들들하고 정분이 나면 어떡하지?' 마지막 질문은 남편과 내가 가볍게 넘길 수 있었다.

"며느리 키웠다고 생각하지 뭐. 이건 우리나라 막장 드라마를 너무 많이 봐온 탓에 말도 안 되는 걱정을 만들어서 하는 거야! 우린 공개 입양이잖아. 드라마에선 죄다 비밀입양이고."

두 번째 질문엔 세은이와 함께 삶을 공유하면서 얼마나 건강하고 친밀한 관계를 이뤄가느냐가 관건이기에, 미리 걱정할 필요가 없었다. 불량 부모는 있어도 불량 자식은 없다는 말이 있지 않은가! 세은이 건강에 대해서도 그건 하나님의 권한이지 우리 권한을 뛰어넘는 것이기에 그냥 맡기기로 했다. 하나님은 별의별 것을 다 사용하셔서 합력하여 선을 이뤄나가시는 분이니까.

첫 번째 질문에는 뭐라고 딱 부러지게 할 수 있는 말이 없었다. 우리는 경험이 전무한 사람들이었으니까. 다만 공개 입양을 선택한 많은 가정의 간증을 들으며, 각 가정마다 기쁨이 넘쳐나는 걸 보았고 그 집 아이들에게서 빛이 나는 걸 보며 짐작할 따름이었다. 오히려 나는 아들들과 어떻게 똑같이 사랑할 수 있을까? 가슴으로 낳았으니 더 사랑하게 되지 않을까? 이런 생각을 했었다.

나의 미숙함을 어루만지시는 하나님

공중의 새를 보라 심지도 않고 거두지도 않고 창고에 모아들이지도 아니하되 너희 하늘 아버지께서 기르시나니 너희는 이것들보다 귀하지 아니하냐(마 6:26).

2005년 2월 13일. 세은이와 처음 만난 날. 입양은 우리에게 평안을 선물로 주었다. 9개월 된 세은이 눈동자와 처음으로 마주치는 순간, 내가 세은이에 대해 하나도 알고 있지 못하다는 낯선 두려움은 저만치 달아나버렸다. 세은이한테 광채가 느껴졌다. 난 그 광채에 압도되었다. 세은이가 가진 그 에너지는 엄마의 미숙함과 어리숙함도 매만져주기 충분했다. 그 광채가 퇴색되지 않도록 곁에서 지켜주는 사람으로 살아야겠다는 다짐을 했다. 세은이는 뛰어난 영혼을 소유한 온전한 하나님의 형상대로 창조된 훌륭한 아이였다. 세은이는 존재 자체로 너무나 사랑스러웠다. 모든 생명은 하나님께 속한 것이기에 존중받아 마땅함을 세은이를 품에 안으며 다시 한 번 확인했다. 하나님이 세은이를 얼마나 사랑하시는지 단박에 느껴졌다. 그리고 세은이를 만나러 간 우리들을 얼마나 사랑하시는지 느낄 수 있었다.

"엄마야, 엄마 왔어!"

이 말을 하는데 가슴속에서 뜨거운 것들이 북받쳐 올라왔다. 세은이의 얼굴도, 눈동자도, 웃음소리도, 울음소리조차도 알 수 없는 과거의 시간에 세은이를 생각만 해도 가슴이 두근두근했던 시간들보다 비교도 할 수 없는 것들이 내 안에 꽉 채워졌다. 입양 절차상 세은이를 다시 2주 동안 보육원에 놓고 대전으로 내려와야만 했다. 우리는 도저히 발걸음이 떨어지지 않았다.

"그냥 다시 가서 세은이랑 같이 가게 해달라고 부탁드려보자!"

그래도 절차상 소용없었다. 세은이 모습을 찍어온 사진만 계속 돌려보고 또 봤다. 마음이 이상했다. 세은이를 만나러 갈 때와는 전혀 다른 감정이었다. 왜 내 아이를 또 두고 와야 하는지 이해가 되질 않았다. 세은이가 보고 싶었다. 내려오는 차 안에서 우리는 세은이의 존재감 앞에서 어찌할 바를 몰라 했다.

아이들 또한 세은이를 왜 다시 보육원에 두고 왔냐고 자꾸 물었다. 빨리 동생을 데려오자며 따져 묻기까지 했다. 왜 그래야 하냐고. 전혀 경험해보지 못한 감정들, 생각들에 휩싸여 세은이 걱정을 했다.

'아, 입양의 신비가 바로 이런 거구나.'

아들들과 세은이를 똑같이 사랑할 수 있겠냐는 질문에 대한 답을 얻었다.

세은이와 새 가족으로 탄생해 산 지 5년이 흘렀다. 우리가 공개하고 있는 덕에 이런저런 솔직한 질문들을 받곤 한다.

"어릴 때야 애도 뭘 모르고 예쁘니까 괜찮지만 커서 사춘기 때가 되면 그땐 너무 힘들 것 같아서 입양 결정하는 게 어렵다."

"나도 애를 낳아 키워봐서 아는데 내가 낳은 자식도 키우기 엄청 힘들고 어려운 법인데 남이 낳은 자식을 데려와 키우면 오죽할까 싶다."

그러면서 우리 세은이를 넌지시 쳐다보신다. 난 자신 있다고 말하지도 못하고 그렇다고 자신 없다고 말 할 수도 없다. 나도 세은이 한 치 앞도 모르는, 아니 내 한 치 앞도 모르는 존재이기 때문이다.

"그런 마음이 들 수는 있죠"라고 대답할 수밖에 없다. 하지만 이 말은 꼭 빼놓지 않고 한다.

"누구든 한 치 앞도 모르기 때문에 하나님께 속해 있는 인생은 흥미진진한 거 아닐까요?"

우리나라 사람들은 혈통을 중요하게 여긴다. 그리스도인들도 예외 없이 그렇다. 하지만 가족은 피로 섞이지 않아도 이룰 수 있다. 하나님이 가족을 이뤄주시는 방법이니까. 가족이란 사랑 안에 거해야 비로소 진정성을 갖는다. 가족의 힘은 무얼까. 사랑은 편안하고 아무 일 없을 때 확인되는 것이 아니라 파도를 만나거나 골이 깊은 골짜기를 함께 건너오면서 비로소 그 힘이 확인되는 것 아닐까. 사랑스럽지 않은 순간이 있음에도 그럼에도 불구하고 함께해야 가족이고, 어렵고 힘든 순간에 안아주고 무조건 내 편이 되어주는 것이 가족 아닐까. 세은이를 통해 내 안에 회복된 가족의 힘에 대한 믿음은 세상 무엇과도 바꾸고 싶지 않다.

바보엄마로 살게 하신 하나님

너는 마음을 다하여 여호와를 신뢰하고 네 명철을 의지하지 말라 너는 범사에 그를 인정하라 그리하면 네 길을 지도하시리라(잠 3:5~6).

　　세은이와 함께한 시간 동안 난 체질과 기질까지도 바뀌어갔다. 우울담백이 충만했던 기질 속에 세은이의 사랑스럽고 밝은 에너지가 섞여 장난기 넘치는 엄마가 되었다. 무엇보다 세은이와 부비며 살아온 시간들은 딸인 내 정체성을 객관적으로 보게 해주었다. 친정아버지와의 관계에 있어서도 건강한 바람을 꿈꿔보게 했고 노력해보게도 했다. 세은이가 인지능력이 자라고 지혜가 커지니 낳아준 엄마를 보고 싶어 한다. 나도 그 소망을 품고 있다. 아이 낳고 키우는 같은 여자로서 세은이 생모에게 꼭 들려주고 싶은 말이 있으니까.

　세은이의 생명의 씨앗이 된 그녀. 열 달 동안 세은이를 목숨보다 소중하게 지켰을 그녀. 세은이에게 호기심과 그리움의 대상인 그녀. 세은이 눈물의 첫 씨앗이 되어버린 그녀. 세은이 생모에 대해 하나님께 기도드릴 때마다 그녀에게 복에 복을 더하사 일상의 형통을 허락해주시고 영과 혼을 강건하게 해달라고 간구한다. 그녀가 잘되어야 나중에 세은이가 만나고 싶어할 때 그녀 또한 당당히 세은이를 만날 수 있을 테니 말이다. 세은이에겐 '나'라는 엄마와 동일하게 낳아준 엄마의 존재도 소중하다는 걸 믿어 의심치 않는다.

세은이 생모에게

세은이가 저를 향해 마구 뛰어옵니다. 등산을 마치고 동네 길을 산책하던 길이었죠. 어찌나 산을 잘 타는지. 땀이 송골송골 맺히는데도 하산하는 그 순간까지 콧노래를 흥얼거리는 여유만만한 체육소녀 오세은입니다.

세은이 정말 많이 컸습니다. 처음 걸음마를 했을 때가 기억납니다. 뒤뚱뒤뚱 넘어질 듯 말듯 얼굴은 연신 흥분해가지고 직립인간으로서 첫 발걸음을 엄마에게로 향해주었던 그때 그 감동이 생생합니다. 첫 걸음마를 성공적으로 마친 후 직립인간 오세은에게 가족 모두가 흥분의 도가니에 빠져서 박수갈채를 보내주었을 때 그때 세은이는 세상에 부러울 것 하나 없다는 만족감에 젖어들었지요. 그 모습은 마치 복숭아꽃같이 달콤했고, 만선의 기쁨을 안고 입항하는 선장의 늠름함과도 같았으며, 포기하지 않은 영혼이 끝끝내 승리를 맛보는 희열 같았습니다. 비록 우리 딸이 아가였지만 그때 얼마나 대견하던지. 애를 셋이나 키워도 엄마는 내 새끼가 뭐 해내는 것에 처음처럼 흥분하고, 아무도 내 새끼처럼 잘나지 못할 거라는 객관성을 점점 상실하게 되고, 바보엄마로 여전히 삽니다.

바보엄마일지언정 그런 순간마다 하나님께 감사드렸고 세은이 생모에게 고마웠답니다. 세은이가 엄마를 향해 뛰어와 '와락!' 안기기 바로 직전에 셔터를 눌렀습니다. 엄마를 얼마나 사랑하는지 세은이 콩닥콩닥 심장소리가 들리는 듯한 사진입니다. 세상 무엇과도 바꿀 수 없는 우리 딸이 저렇게 달려와 안기는 품으로 살 수 있다는 것이 누군가를, 내 새끼를 품고 부비부비 부벼줄 수 있는 '품'으로 산다는 것이 어쩔 땐 믿겨지지 않습니다. 어찌 표현할 수 없으리만큼 행운 인생 행운 엄마입니다.

날 뭘 믿고 달려와주는 걸까요? 넘어진 적도 많았지만 세은인 굴하지 않고 계속 달려와 안깁니다. 내 새끼의 심장과 나의 심장이 와락 만나 부벼지며 서로의 온기를 느끼는 순간도 달콤하지만 세은이 심장박동이 느껴지는 모습도 걸음마 감동 이후로 또 하나 아로새겨질 감동입니다. 세은이 생모를 만날 수 있다면 '당신 덕분에 난 최고의 수혜자로서 이런 감동으로 행복했었음'을 꼭 말해줄 겁니다. 가슴속에 잊지 않고 선명히 담아두어서 세은이에게 평생 고마워할 겁니다.

_2008년 봄 햇살이 눈부신 어느 날. 세은이 엄마

나를 빚으시는 하나님

그러나 여호와여, 이제 주는 우리 아버지시니이다 우리는 진흙이요 주는 토기장이시니 우리는 다 주의 손으로 지으신 것이니이다(사 64:8).

난 하나님이 지금껏 빚어오신 내가 좋다. 날 이렇게 빚어오신 토기장이 하나님도 참 좋다. 토기장이를 사랑하면 할수록 토기장이의 계획을 깨닫는 실력은 더더욱 향상되었다. 과거를 하나님의 역사로, 오늘을 하나님의 선물로, 내일을 하나님의 비전으로 볼 수 있는 믿음의 새로운 눈도 뜨게 되었다. 나를 가장 아끼고 사랑하는 그분이 맛보여주시는 안전감과 평안은 세상 어느 것과도 바꾸고 싶지 않다. 말씀이 내 안에서 그대로 이루어지는 걸 가장 기뻐하시는 토기장이의 마음을 시원시원하게 해드리고 싶다. 보시기에 좋은 대로 나를 마음껏 빚어가실 그분을 힘껏 믿어드리고 싶다.

주의 말씀은 내 발에 등이요
　내 길에 빛이니이다.
시 119:105

예수 안에 거듭난 행복

이정이

10살 때 네 살 위의 언니가 흙을 만지면서 "사람은 죽으면 다 흙이 되는 거야" 하며 죽음에 대해서 설명을 해주었다. 그 소리를 듣는 순간 갑자기 머리가 아프고 배도 아프고 밥맛이 없었다. 밤에 잠도 잘 오지 않았다. 죽음의 문제로 고민하던 나는, 초등학교 5학년 때 교회 종소리를 듣고 마음이 끌려 교회를 나가게 됐다. 그러나 정작 배구선수로 운동하느라 자주 가지는 못했다.

17살 때 마을에 초상이 나자 어떤 여 전도사님이 오셔서 일일집회를 하셨다. 회개와 보혈 찬송을 한참 부르는데 내 마음이 뜨거워지면서 회개가 나왔다. 4남 4녀 8남매 중 5번째로 태어나 지금까지 학교나 집에서나 착하다는 소리만 듣고 자랐는데, 내 죄 때문에 십자가를 지신 주님을 인격적으로 만나는 순간 세상에 나 같은 죄인이 없었다. 눈물 콧물 범벅이 되어 한참을 회개했다. 그날은 내 삶에 주님을 주인으로 모시는 세상에 태어나 최고로 행복한 날이 되었다. 마음에 주님이 주시는 평안과 기쁨이 샘솟았다. 전도사님께서 앞으로 "자매님은 신학을 해서 복음 전도자로 살 것입니다"라고 말씀해주셨다. 그 후로 주님의 은혜로 주의 종의 길을 가기 위해 신학 공부를 하게 되었다.

어느 날 목사님께서 십계명을 설교하시면서 하나님은 우상숭배하는 것을 가장 싫어하신다고 말씀하셨다. 그 설교를 듣는데 우리 가정이 이 씨 종가집이라, 제사를 일 년에 12번이나 드리는 것이 생각나 너무 마음이 아팠다. 그때 나와 어머니, 동생들만 교회에 다녔다. 아버지는 동네 체면과 완강한 고집이 있으셔서 제사도 포기 못하고 교회에 나갈 수 없다고 하셨다. 나는 40여 일 철야 작정기도를 드렸다.

"주님, 우리 가정이 우상을 버리게 해주시고 온가족이 회개하고 주님께 돌아오게 해주세요."

밤마다 십자가를 붙들며 주님이 가장 싫어하시는 우상을 버리게 해주시고 아버지의 영혼을 불쌍히 여겨주시라고 눈물로 기도를 드렸다. 일주일에 몇 번씩 코피를 쏟고 몸무게가 6kg 정도 빠졌다. 작정기도를 거의 마친, 어느 날 밤 12시에 갑자기 배가 아프고, 심한 고통에 온몸을 떨다가, 양쪽 코에서도 코피가 쏟아지고 목에서도 피가 넘어왔다. 어느 정도 시간이 지나 지혈을 했는데 어지러웠다. 그 일이 있은 지 며칠 후 어머니께서 "제사를 안 지내게 됐다. 다 너의 기도로 주님이 역사하셨다"라고 말씀하셨다.

어떤 목사님이 내 간증을 들으시고 밤에 그렇게 배 복통이 일어나고 코피를 심하게 쏟는 것이 조상 때부터 섬기던 우상이 떠나가느라 그랬다고 하셨다. 그 후 아버지도 예수님을 영접하시게 되었고 온 가정이 주께로 돌아오는 역사가 있었다.

내가 진실로 진실로 너희에게 이르노니 한 알의 밀이 땅에 떨어져 죽지 아니하면 한 알 그대로 있고 죽으면 많은 열매를 맺느니라(요 12:24).

결혼과 교회 개척

7년 동안 전도사 생활을 하며 교회에 피아노 사놓고, 건축 헌금도 하고, 적은 사례비로 모아둔 돈이 하나도 없었다. 29살에 결혼을 하게 됐는데, 역시 가난한 전도사님을 만나 월세 100만 원에 신혼생활을 시작했다.

보험회사 직원이 와서 보험 들라고 하면 "보험들 돈 있으면 아프리카에 보내겠다"라고 하며 4년 동안 부교역자 생활을 하다가 저축한 돈 한 푼 없이, 한 달 사례비와 언니에게 200만 원을 빌려 보증금 300만 원에 월세 28만 원을 내고, 청주에 교회를 개척했다.

사택을 월세 100만 원짜리로 얻었는데, 허름한 옛날 집이라 시도 때도 없이 쥐가 나왔고, 작은 방 하나와 부엌이 있는데, 방에서 누우면 발이 부엌으로 나갈 정도로 좁았다. 그런 집에 살면서 쥐를 여러 마리를 잡았다. 어떤 때는 쥐가 쥐약 먹고 장롱 뒤에서 썩어서 악취가 났다.

하루는 새벽기도 하고 집에 돌아오니 아이들이 없어졌다. 아빠 엄마 찾는다고 3살, 4살 된 아이들이 무작정 길을 나선 것이었다. 그래서 다음 날은 밖에 문을 잠그고 새벽기도를 갔다. 그런데 집에 와 보니 방과 부엌 사이 미닫이 문이 넘어져 유리가 산산조각이 나 있었다. 순간 발 하나 다치지 않고 놀고 있는 아이들을 보며 하나님의 보호하심에 감사했다.

교회는 조금씩 부흥하면서 안정되었고 사택도 전세를 얻어갔는데, 교회 개척 3년에 나는 콩팥 결핵에 걸리게 되었다. 소변이 자주 마려워서 병원에 가서, 방광염 진단을 받고 몇 달을 치료했는데, 차도가 없기에 다시 정밀 검사를 받았다. 결과는 콩팥 결핵이었다. 결핵약을 복용하면서 밥맛이 없어지고 몸무게는 10kg이나 빠졌다. 5분 간격으로 소변을 보느라 잠을 잘 수 없었고, 바늘로 찌르는 듯한 요도의 통증에 시달렸다. 콩팥 한 쪽은 기능을 전혀 못하고 다른 한 쪽도 안 좋은 상태였다. 살림하기가 힘들 정도로 고통스러웠다. 입원해도 소용없었다. 집에서 누워서 생활하며, 주일날 교회에서도 누워서 예배를 드렸다. 사는 것이 고통이었다. 어린 딸들이 불쌍해서 그렇지 천국에서 쉬고 싶다는 생각이 들 정도였다.

어느 날 오빠 전도사님이 목사 안수식 한다고 온가족이 다 가고, 나 혼자 방 안에 덩그러니 누워 있는데, 찬송가 424장이 떠올랐다. '나의 생명 되신 주 주님 앞에 나아갑니다. 주의 흘린 보혈로 정케하사 받아주소서. 날마다 날마다 주를 찬송하겠네. 주의 사랑의 줄로 나를 굳게 잡아 매소서. 괴론 세상 지날 때 나를 인도하여 주소서. 주를 믿고 나가면 나의 길을 잃지 않겠네.'

하염없이 눈물이 나면서 마귀가 아무리 질병으로 고통을 줘도, 주님이 내 생명을 붙잡고 있는 한 나는 다시 일어날 수 있다는 확신이 들었다.

거의 1년을 아파서 누워 있으면서 나에게 유일한 소망은 극동방송을 통해 은혜를 받는 것이었다. 은혜로운 설교 말씀, 간증, 찬양 등등. 때로는 '소망의 기도' 시간에 사연을 올려 기도를 받기도 하고, 주님은 극동방송이라는 매체를 통해 나에게 희망과 소망의 메시지를 계속 보내셨다. 성령님께서 기도하라는 감동을 주셔서 목사님과 21일 작정기도를 시작했다. 그러던 어느 날 기도하며 찬송가 511장을 불렀다. '내 구주 예수를 더욱 사랑 엎드려 비는 말 들으소서. 이전에 세상 낙 기뻤어도 지금 내 기쁨은 오직 예수. 이 세상 떠날 때 찬양하고 숨질 때 하는 말 이것일세. 내 진정 소원은 내 구주 예수를 더욱 사랑 더욱 사랑.'

비록 병들고 지치고 상한 영혼이나, 주님이 여전히 나를 사랑하시니, 나도 주님을 사랑한다. 주체할 수 없는 뜨거운 눈물이 쏟아졌다. 작정기도 마치는 날 전라도 섬 교회에서 초빙한다는 전화가

왔다. 하나님의 응답이라는 생각이 들었다. 작은 섬 교회로 간다고 하니 주위 친척들과 친구들이 말렸다.

목포 반달 섬 달리도로

하나님은 나의 작은 신음에도 응답하시는 신실하신 주님이시다. 언젠가 조지 뮬러 책을 보면서 뮬러 목사님이 지치고 힘들 때마다 섬에서 안식을 통해 새 힘을 얻어, 다시 멋지게 사역하는 글을 읽으며, 나도 쉬고 싶다는 생각을 한 적이 있었는데 섬으로 인도해주셨다. 섬 교회에서 5명의 목회자가 다녀가셨는데, 서로 의견 차이를 보여 결정을 못하고 이번에 오시는 목사님은 하나님이 보내시는 목사님이라고 설교도 안 들어보고 무조건 오시라고 했다.

나는 그 교회에 방문해보지도 않고 일주일 만에 이사를 갔다. 나는 그때 걸음도 빨리 못 걸을 정도였다. 성도님들은 50여 명이 계시고, 농사짓는 작은 섬마을이었다. 대부분 60~90살의 노인이었다. 전임 교역자에게 개척해드리는 데 빚을 져서 교회 빚 300만 원이 있었고, 사택은 지은 지 20년이 넘어 기울어가고, 방에는 징그러운 지네, 민달팽이, 때로는 마당에 뱀까지 나왔다. 비 오는 날이면 대여섯 개 대야로 빗물을 받아내야 했다. 장마철이면 여기저기서 새는 비 때문에 잠을 설쳤다. 개척교회 때는 쥐와의 전쟁, 이젠 지네와의 전쟁 "으악!"

이사 후 며칠 안 되서 자다가 지네에게 물렸다. 그 고통과 통증은 산에서 벌에 쏘인 것보다 더 심했다. 지네를 물리기 전에는 '할렐루야! 주님이 인도하셨다'라고 좋아했는데 밤마다 지네 공포 때문에 사택을 짓든지 이사를 가든지 해야겠다고 목사님께 말씀드렸다.

목사님이 기도하시면서 성도들에게 "사택을 지읍시다"라고 광고하니 성도들은 "교회 빚도 있고 돈은 하나도 없는데 사택을 어떻게 지어라우!"라고 대답했다.

두어 분을 빼놓고 다 부정적인 반응을 보였다. 여호수아와 갈렙처럼 '전능자가 우리와 함께 계신다'라고 고백했듯이 우리도 믿음의 말, 긍정의 말을 선포하며 할 수 있다고 생각을 바꾸어 사택을 건축하기로 했다. 부임 후 1년 만에 빚 안 지고 사택을 지을 수 있었고, 나의 콩팥 결핵도 완전히 고침을 받았다.

주님 은혜로 모든 것을 가능하게 되었다. 빌립보서 4장 13절 "내게 능력 주시는 자 안에서 내가 모든 것을 할 수 있느니라."

어둠이 지배하던 섬이 성령이 지배하는 섬으로

달리도 섬은 옛날에 230여 가구가 살았는데 지금은 90여 가구가 산다. 전에는 섬에 당산나무 밑에서 제사도 지내고, 우상을 많이 섬겨서 어둠이 지배하던 섬이었다고 한다. 귀신들린 사람도 많고, 1년에 몇 명씩 자살을 하고 술 먹고 길바닥에 드러누워 있는 사람도 많았고, 노름과 싸움에 동네가 조용한 날이 없었다고 한다. 35년 전에 교회가 들어오면서 많은 사람이 전도되었는데, 핍박과 마귀의 역사도 대단했다고 한다. 어떤 성도는 남편이 교회까지 와서 머리채를 끌고 집에 데리고 가서 모진 매를 때리고 심지어는 농약까지 국에 타서 같이 먹고 죽자고 협박을 했지만, 결국 죽으면 죽으리라는 신앙으로 핍박을 이기고 남편을 전도했다고 한다.

또 어떤 성도의 남편은 교회만 가면 때린다고 한다. 하루는 사정없이 아내를 때리다가 팔이 빠졌다고 한다. 아내는 솜방망이로 맞는 것같이 통증을 못 느낄 때도 있었다고 고백했다. 어느 날은 하도 징하게 핍박을 하기에 가출을 하려고 하는데, 꿈에 예수님이 십자가에 피 흘리는 모습으로 나타나셔서, "내가 너를 위해 이렇게 피 흘렸는데, 그 정도 어려움을 가지고 왜 그리 힘들어하느냐?

내가 너와 함께하느니라"라고 말씀하셨다고 한다. 그리고 꿈에서 깨어나 주님이 끝까지 동행하심을 깨닫고 믿음을 지켰다고 한다.

달리도에 와서 사택도 짓고, 교회 땅도 700평을 사고, 교회 교육관의 구조 변경도 했는데 전도가 잘 되지 않아 안타까웠다. 주일날 목사님께서 "전도를 합시다" 하고 설교를 하시니까 어떤 성도가 "목사님, 사모님 애쓰지 마시요~잉. 이 동네 예수 믿을 사람 다 믿었서라우"라고 했다. 거의 다 전도는 안 된다는 마음들을 가지고 있었다.

달리도 부임해서 몇 분이 소천하시고, 주말마다 부모님 집에 와서 예배드리던 학생들이 다 육지로 대학을 가게 되었다. 교인들이 점점 줄어들고 있었다.

첫사랑 회복과 성령 체험

섬 목회 4년이 되었을 때, 교회 부흥과 내 삶에 터닝 포인트를 위해 고민하던 중, 아침에 갑자기 속이 쓰리고 아파서 병원에 가서 위 내시경을 했다. 혹 아홉 개가 포도송이같이 주렁주렁 있었다. 의사가 혹을 제거하지 않으면 100명 중 한 명은 암으로 발전할 수 있다고 했다. 8개월간 죽이랑 미음으로 살았다. 8kg 정도

살이 빠졌다. 하나님께 부르짖기 위해 기도원에 가서 금식기도를 했다. "하나님, 주님과의 첫사랑을 회복시켜주세요. 구원의 즐거움을 회복시켜주세요. 성령 충만을 부어주옵소서."

수십 년 신앙생활을 하면서 믿음은 바닥으로 떨어지고 마음이 곤고해졌다. 남편 목사님과 잦은 말다툼, 두 번의 큰 질병으로 오는 중압감도 힘들었으며, 인생이 왜 이렇게 고달픈가 하는 생각에 눈물이 주르륵 흘러내렸다. 기도원에서 3일 금식기도하며 찬양을 한 시간 정도 부르고 기도를 시작하는데 내 마음에 시편 42편 5절 말씀이 떠올랐다.

내 영혼아 네가 어찌하여 낙심하며 어찌하여 내 속에서 불안해하는가 너는 하나님께 소망을 두라 그가 나타나 도우심으로 말미암아 내가 여전히 찬송하리로다.

성령님께서 내게 이렇게 속삭이는 것 같았다.

"내가 너의 마음속에 성전 삼고 너를 한 번도 떠나지 않았다. 두려워 마라, 놀라지 마라. 내가 너와 함께함이니라."

마음에 평안과 기쁨이 넘치면서 주체할 수 없는 눈물이 흘렀다.

"주님 내가 주님을 볼 수 없고 만질 수 없지만, 주님은 언제나 나와 함께하셨는데, 주님을 외면하고 내 힘으로 살려고 했던 것을 회개합니다."

한참을 회개하고 감사기도를 드렸다. 주님께서 성령을 부어주시고, 첫사랑의 회복과 구원의 즐거움을 회복시키셨다. 위장병도 고쳐주셨으며, 예배의 감격을 회복시켜주셨다.

나의 가는 길을 오직 그가 아시나니 그가 나를 단련하신 후에
는 내가 정금같이 나오리라(욥 23:10).

찬양 한 구절 한 구절마다 은혜와 감격 속에 예배드리고, 목사님 설교를 듣는데 눈물이 났다. 육체의 고통과 마음의 곤고함이 있었기에 부르짖어 기도하고 주님의 임재하심을 체험하고 치유와 회복의 은혜를 누릴 수 있었다.

극동방송을 통해 선교를 시작하다

2003년 4월 목포 극동방송에서 직원이 나와 순회예배를 드리게 되었다. 지사장님이 달리도교회도 보내는 선교를 하던지,

기도하는 선교사적 삶을 살아야 된다고 하셨다. 그 후로 텔레비전은 안 보고 오로지 극동방송만 들었다. 방송을 통해 선교지 소식을 들으며 선교사님들을 위해 중보기도하며 선교에 적극 참여하게 되었다. 섬 목회도 선교라고 말하는 사람들도 있는데 오지에 나가 목숨 걸고 복음 전하는 선교사님들에 비하면 이곳은 나에게 과분한 사역지이다.

그때부터 극동방송, 필리핀, 농어촌교회를 선교하며 집중적으로 작정기도하면서 전도하기 시작했다. 그해에 달리도 섬에서 20명이 전도되고 목포시에서 여러 명이 전도되었다. '전도는 안 된다' 할 때는 전도가 안 되었는데, '전도는 됩니다. 무릇 사람이 할 수 없는 것을 하나님은 하십니다'라고 선포하며 복음을 전했더니, 길에서 술 먹고 바지에 오줌 싸고 드러누워 있던 사람이 회개하고 돌아왔다. 그 할아버지는 하늘이 두 쪽 나도 안 믿는다고 했는데 건강이 안 좋아지면서 교회 나오시고 그 다음 주에 아내와 아들까지 나왔다. 염전에 있는 애기 엄마를 전도했는데 그 다음 주 남편을 배에서 만나 전도하고 시어머니까지 전도하였다.

알코올중독자도 전도되고 자살하려던 사람도 전도되며, 7주 연속 전도되어 찬송가 314장 '기쁜 일이 있어 천국 종 치네. 먼 데 죄인 돌아왔도다. 부친께서 친히 마중 나와서 잃은 자식 도로 찾았네.' 이 찬양을 주님께 올려드리는데 기쁨과 감사의 눈물이 흘러내렸다. 성령께서 나의 마음에 오시고 영혼을 긍휼히 여기는 마음을 부어주셨다. 주님 마음 가지고 계속해서 적극적으로 전도하면서 주님이 간섭하시고 마음을 움직여달라고 기도했다.

어떤 분은 아들이 일하는 배에서 불이나, 생명 살려 주신 것이 고마워 교회 나오고, 할머니 한 분은 부엌 아궁이에 불을 지피다가 집에 불이 났는데, 교회도 안 다니던 아들이 "어머니 집을 새로 지어드리겠으니 교회 나가세요" 해서 나온 분도 있다. 한편 전도 나가다가 개가 물려고 달려들어, 개를 피하려다 깊은 개펄 웅덩이에 빠진 적도 있다. 어려움과 핍박이 있어도 한 영혼, 한 영혼이 주님 품으로 돌아올 때 최고의 기쁨이 아닐 수 없다. 지금 우리 마을은 85% 예수님을 믿는 마을이 되었고 교회 절기나 행사 때 마을 전 주민이 참석한다.

변화와 성숙

자녀가 성숙해가는 것이 부모의 기쁨이듯, 성도들의 믿음이 자라가는 것을 보면 더 큰 기쁨이 없다. 내가 교회에 부임할 당시 10살이었던 주일 학생 어린이가 지금은 21살이 되었다. 이 학생은 부모님의 이혼으로 할머니 집에서 자랐는데, 어려서부터 많은 마음의 상처를 받았다. 동네에서 도둑질한다고 매도 많이 맞고, 이해하기 힘든 행동들을 많이 했다. 야단도 쳐보고 좋은 말로 권면도 했지만 변하지 않았다. 중학교 2학년 때 가출을 해서 몇 달 동안 집에 돌아오지 않아 간절히 기도했다.

"주님, 이 아이가 돌아오면 사랑으로 잘 돌보겠습니다. 집으로 돌아오게 해주세요."

기도 이틀째 그 아이가 집으로 돌아왔다. 그때부터 예수님 마음으로 사랑을 베풀며 칭찬하고 신약성경을 30번 읽히고 신앙서적도 20권 정도 읽혔다.

"내가 너의 기도의 어머니가 되어줄게. 잘해보자."

그때부터 그 아이의 얼굴이 밝아지며 조금씩 좋아지고 도둑질도 끊고 여러 가지로 변하기 시작했다. 지금은 요양보호사 자격증을 따서 노인들을 섬기는 일을 하고 있으며, 앞으로 불쌍한 사람을 도우며 살고 싶다고 한다. 그 자매가 쓴 편지이다.

제가 초등학교 3학년 때 사모님을 처음 만난 기억이 납니다. 저는 엄마가 안 계셔서 늘 혼자 속상해하고 상처받으며 살아왔습니다. 어린 시절 도둑질 등 사고뭉치였던 저를 사모님이 늘 좋은 길로, 믿음의 길로 인도해주셨지요. 동네에서 도둑질했다고 매를 맞고 때로는 성폭행도 당하며 괴로움 속에서 신음하고 고통당하고 있을 때 사모님이 언제나 저를 위해 눈물로 기도해주시고 위로해주셔서, 예수님 안에서 치유와 회복으로 거듭날 수 있었습니다. 사모님이 저를 위해 오래 참고, 포기하지 않고 기도해주셔서 제가 새로운 사람으로 살아갈 수 있었습니다. 하나님이 사모님을 저에게 보내주시지 않았다면 저는 아직도 어둠 가운데 죄악의 늪에서 헤어나오지 못했을 거예요. 사모님의 칭찬과 사랑, 끝없는 기도로 예수님을 믿게 되었고 이제 예수님 안에 행복한 사람이 되었습니다. 믿음의 어머니의 기도로 저는 새 사람이 되었으니, 이제 불쌍한 사람을 도와주면서 선교하며 살겠습니다. 사랑합니다. 감사합니다.

하나님이 키워주셨어요

섬으로 이사 올 때 큰딸 루디는 초등학교 1학년, 둘째딸 마리는 7살 유치원생이었다. 섬에 초등학생이 30여 명 되었는데 졸업할 때는 전교생이 8명이었다. 섬에서 공부하면서 학원 한 번 안 다녔는데, 한국일보 그리기 대회에서 전국적으로 14만 명이 참가한 가운데 루디, 마리 둘이 나란히 최고상을 받았고, 섬 아이들 모두 입상을 했다. 일등 상금 50만 원이 나왔는데 어려운 동네 어린이에게 주었다. MBC 생방송 화제집중, KBS 6시 내고향에 방영되고 신문에도 나왔다.

섬에는 중학교가 없어서, 6학년 때 대전 친척이 있는 곳으로 전학을 가게 되었다. 그 후로 둘이서 자취생활을 했다. 거리가 멀어서 집에도 자주 못 오고 여자아이들이라 더욱 걱정이 되었다. 하루는 우리 부부가 창문을 열고 바라보니 둘째딸아이가 가방을 끌고 멀리서 오는 것이었다. 딸이 우리를 보고, 학교 뒤로 달려가 숨었다. 목사님이 초등학교로 가서 아이를 데리고 와 가방을 열어보니 내가 아이들 먹으라고 갖다놓은 갈치 한 토막과 배추 우거지 삶은 것을 가지고 왔다. 가슴이 짠하고 눈물이 났다. 엄마가 얼마나 그립고, 집에 오고 싶었으면 이런 것을 다 챙겨서 가져왔을까!

극동방송에서 생방송으로 청취자가 노래 부르는 시간이 있어서 평소에 둘째딸이 즐겨 부르던 노래를 신청해서 불렀다. '내 이름 아시죠. 내 모든 생각도, 아바라 부를 때 그가 들으시죠. 내 흐르는 눈물 그가 닦아주셨죠.' 부모가 섬에서 목회하니까 이렇게 아이들이 외롭게 지내는구나 생각하니, 복음송을 부르며 눈물이 주체할 수 없이 흘렀다. 둘째가 중학교 2학년이 되었을 때, 부모와 떨어져서 사느니 유학을 보내달라고 사정을 했다.

주님께 간구하며 외국 유학길을 알아보는데, 필리핀 선교사님이 아이들을 공부시켜주신다고 해서 필리핀에 보내게 되었다. 그래서 1년 동안 공부하고 지금은 한국에서 국제학교에 다니고 있다. 큰딸도 필리핀에서 고등학교를 마치고 대학교에 진학했다. 섬에서 재정 형편은 안 되는데, 둘 다 50% 장학생으로 하나님이 인도해주셨다. 하나님은 언제나 신실하게 새 일을 행하시며 아이들을 키워주셨다. 주님의 은혜와 사랑에 감사합니다.

둘째딸 마리 편지

사랑하는 엄마 아빠! 먼저 18번째 결혼기념일을 맞으신 것 정말 축하드립니다. 가끔은 알콩달콩 다투실 때도 있지만 서로를 의지하며 사랑하며 누구보다도 행복하게 사시는 두 분을 보면 '정말 하나님께서 계획해놓으신 부부구나' 하는 것을 느끼게 됩니다.

때로는 부모님 마음도 속상하게 하고 무례할 때가 있는 저이지만 그래도 조금 더 성숙해지려고 노력하고 아빠 엄마 정말 사랑한다는 것 아시죠? 저도 더욱더 어른스러워지고 부모님 경제 사정도 생각할 줄 아는 그런 딸이 되도록 노력하겠습니다. 그리고 아빠 엄마가 자주 써주시는 편지, 때로는 너무 자주여서 대충 읽고 넘어갈 때도 있는데 그런 점 정말 죄송해요. 하지만 부모님께서 써주신 편지가 어느새 제 마음에 여운이 되어 삶의 소중한 것들을 자연스레 생각하게 됩니다. 때로는 공부가 힘들어 '그냥 평범하게 살까?' 하는 생각을 할 때가 있지만 그때마다 우리 가족이 함께 나누었던 대화, 부모님의 따스한 사랑이 담긴 편지가 저에게 버팀돌이 됩니다.

달리도에서 10년이란 세월이 흐르면서 부모님을 볼 때 '왜 우리는 이렇게 섬에 와 있는가'라는 생각을 할 때도 있었습니다. 하지만 엄마와 아빠가 추운 겨울에도 성도님 심방을 하고 나란히 집으로 걸어가시는 모습을 뒤에서 지켜볼 때 한 영혼, 한 영혼에 대한 아빠 엄마의 뜨거운 열정과 사랑을 느끼고 '아, 우리 아빠 엄마는 언니와 나만의 부모님이 아니라 이 달리도의 불쌍한 한 영혼, 영혼의 아버지이고 어머니구나'라는 것을 깨닫게 되었습니다.

'험한 산도 골짜기도 괜찮소'라는 구절을 좋아하시는 아빠 엄마! 정말 존경하고 앞으로도 힘내시고 열국의 어미이자 아비였던 아브라함과 사라같이 굳건한 믿음으로 승리하시길 기도할게요! 감사합니다. 축복합니다. 그리고 사랑해요!

어느덧 어엿하게 자라게 해주신 주님께 감사드린다. 루디는 변호사, 선교사, 마리는 기독교 방송 사장이 되어 선교 사역과 어려운 이웃을 섬기는 데 쓰임받기를 꿈꾸고 있다.

선교 축복

단기 선교로 인도네시아 등 여섯 나라를 다녀오고, 극동방송을 통해 미국교회를 순회하는 축복도 받았다. 미국비자를 받을 조건이 되지 않는데 하나님께서 역사하셔서 10년 비자를 받았다. 영국을 순회하며 간증 집회도 하게 하셨다. 하나님께서 달리도 섬 교회가 보조를 받는 것이 아니라, 어려운 지역에 선교로 앞장설 때 물질 축복을 해주셨다.

10년 전 무화과 한 박스에 1만 5천 원에서 2만 원 했는데 지금은 한 상자 5~6만 원 한다. 하나님이 고추나 깨도 매년 풍년이 되게 해주셨다. 방글라데시에 다녀와서 그곳의 열악한 환경을 보고, 가난한 아이들의 학교 급식과 교회 사역을 위해 500만 원을 후원할 수 있었다. 그 다음 해는 인도 사역을 위해 500만 원을 후원하였다. 방글라데시에 앰프와 선풍기 50대를 보내게 되었다. 어려운 일이 있을 때 큰 교회보다 섬 교회와 목회자 가정이 더 앞장서서 섬겼다. 우리가 이렇게 선교할 수 있는 것이 가정 형편이 항상 넉넉해서 하는 것은 아니었다. 아이들 학비가 없을 때도 있었고 아이들이 요구하는 것을 못 사줄 때도 많았다. 가정 형편을 먼저 생각한다면 언제 선교할 수 있겠는가. 주 예수께서 친히 말씀하신 바 주는 것이 받는 것보다 복이 있다고 말씀하셨다.

영혼의 쉼터

우리 교회의 꿈은, 쉼터를 만들어 선교사와 목회자와 지치고 상한 영혼들이 이곳에 와서 영육이 안식하고 하나님이 만드신 자연에서 치유되고 회복되어 진정한 쉼을 얻게 하는 것이다. 그들이 도전받고 비전을 품고 다시 나가서 당당한 그리스도인으로 살게 되기를 소망한다. 그동안 달리도교회에 많은 청년과 여러 교회에서 왔다 갔는데 예수전도단, 국군교회 청년팀, 복음학교 순회선교단, 단국대학교 전도단, 수원중앙침례교회 봉사팀 등 많은 사람이 다녀가며 소감을 편지로 보내주었는데, 하나같이 고백하는 것이 성령의 임재하심을 강하게 느꼈다는 것이다.

"하나님의 사랑이 느껴집니다. 도전받고 갑니다."

"또 오고 싶어요."

두세 번씩 다녀간 사람도 많다. 극동방송을 통해 전도한 사람의 딸이 호주에서 중고등학교를 마치고 달리도에 일주일 쉬러 왔다가 감동을 받고, 주님 말씀의 실재가 느껴진다며 눈물로 기도하고 회복되어 돌아간다고 감사의 글을 남겼다.

섬에 방문한 학생의 감사 글

사모님, 너무너무 감사하고 사모님의 따스한 사랑의 섬김에 예수님의 사랑을 느꼈습니다. 그 사랑 속에 은혜받고 과분한 은총과 풍족함을 느끼며 도전받고 돌아갑니다. 사모님의 온유함과 목사님의 순수한 열정이 어우러져 달리도를 더욱 아름답게

빛나게 하는 것 같아요. 이 은혜 평생 잊지 않고 섬김과 나눔으로 다른 사람을 섬기며 살게요. 달리도교회를 축복하며 응원할게요. 영혼이 쉼을 통해 평안을 얻고 도전을 받습니다. 꿈을 향해 전진하며 살겠습니다.

사랑합니다. 축복하고 늘 기도하겠습니다.

지금까지 오직 하나님 아버지의 말씀을 늘 주야로 읽고 묵상하며 말씀을 통해 새 힘을 공급받고 일어날 수 있었다. "내 말의 등이요 내 길의 빛이니이다(시 119:105)." 하나님 말씀은 내 인생의 교과서요, 내 삶의 전부다. 주님의 긍휼하심과 풍성한 사랑과 은혜임을 고백한다. 남은 생에 주님이 그 어느 곳에 인도하시든지 즐거이 순종하며 따라가기를 간절히 소망한다.

하나님이 나를 이 땅에 보내신 아버지의 뜻을 따라 사는 것이 나의 기쁨이요, 행복이다. 고난 역경 가운데서도 언제나 내 손을 잡아 일으키시고 다시 도전하시는 하나님 아버지께 영광을 올려드린다.

영광의 아버지께서 지혜와 계시의 영을
　너희에게 주사 하나님을 알게 하시고
엡 1:17

나는 주님의 딸입니다

조수아

　간증에 앞서 세상에서 방황하며 온갖 죄와 허물로 가득한 나를 자녀 삼아주시고 주변의 많은 훌륭한 주의 사람을 통하여 하나님 앞에 더 가까이 나올 수 있도록 인도하여주시고, 예수님이 주신 진리의 말씀을 마음에 안고 신앙생활할 수 있도록 도와주신 많은 사람에게 주님의 사랑과 축복이 있기를 기도드린다.

　나는 가진 것도 없고 보잘것없는 성도이다. 하지만 지금 내가 웃으며 당당하게 살고 있는 것은 하나님을 만나 천국영생이라는 구원이 내 마음에 확실하게 들어와 있기 때문이다. 내 인생에 주님을 만나 행운아가 되었고 새로운 삶을 살게 되었다.

북한 당 간부의 외동딸

나는 북한에서 훌륭하신 당 간부 집안에서 외동딸로 곱게 자랐으며 대학을 졸업하고 시병원에서 의료일꾼으로 근무하였다. 어느 날 친구들과 함께 중국에 구경을 갔다가 홍수로 인해 다시 북한으로 가지 못하게 되어 중국에서 3년을 살았다. 여기저기 중국 공안들의 추적에 쫓겨 다니기도 하고 감옥에 여러 번 붙잡혀 들어가 온갖 천대와 멸시를 받는 일들이 꿈이 아닌 현실로 펼쳐질 때마다 하루라도 빨리 지옥의 고통 속에서 벗어나려고 발버둥쳤다.

시간이 흘러도 나에게는 힘들고, 고달프고, 어려운 과정들만 눈앞에 펼쳐졌다. 이전에는 손끝에 물 한 방울 묻히지 않았던 나인데, 남의 집 석탄을 날라주고, 볏모도 꽂아주며 집 청소와 빨래로 손이 터지고 피가 나는 괴로움을 참아가며 생계를 이어나갔다. 비 오는 날 남의 집 처마 밑에서 내리는 비를 맞으며 고향 생각에 가슴을 치며 울기도 하고 캄캄한 밤하늘을 바라보며 팔자 탓도 하면서 가엽기만 한 내 운명을 저주하기도 하였다.

북방의 영하 40도 넘는 중국 하얼빈의 어느 한 농가의 토피 집 (흙으로 만든 집)에서 추위로 꽁꽁 얼어 터져 동상으로 물이 질질 나는 발을 보며 피눈물을 삼키기도 하였다.

어둠 속에서 구원해주신 하나님

중국 하얼빈 의대병원에서 근무하던 중 나는 한국에서 신학을 마치고 중국에서 개척교회 사역을 하시는 조선족 전도사님과 신앙이 깊으신 집사님을 소개로 만나게 됐다. 그리고 그분들을 통해 예수님을 영접하게 된다. 그분들은 하얼빈의 100명 남짓한 교회로 나를 인도하였고 거기서 생전에 한 번도 들어본 적 없는 하나님을 알게 되었다.

그때 처음으로 나에게 은혜되었던 찬송은 338장 〈천부여 의지 없어서〉이다. '천부여 의지 없어서 손들고 옵니다. 주 나를 박대하시면 나 어디 가리이까. 내 죄를 씻기 위하여 피 흘려주시니 곧 회개하는 맘으로 주 앞에 옵니다.'

매일같이 교회는 가도 그때는 성경 내용이 죽으라는 것인지, 살라는 것인지 하나도 머리에 들어오지 않았고 이해도 안 되었다. 그래서 다른 신을 쫓아다니며 사주팔자를 보기도 했다.

더군다나 의대병원에서 나름대로 중국어 공부도 열심히 하고 인터넷도 배우면서 식당 접대부에서 경리로, 호텔매니저로, 중국 가방공장 공장장으로, 중 - 한 무역회사 중국어 통역으로, 회사 영업부장으로, 잘나가는 엘리트로 자리매김하면서 동시에 주님을 멀리하였다.

밤에 자다가도 공안들 사이렌 소리가 나면 어디로 도망갈까 불안에 떨고 가슴을 쥐어뜯으며 자살 시도도 여러 번 하였다. 돈을 벌면 중국 호적을 사곤 하였지만 다 가짜인 것이 발각되어 공안에 들어가곤 하였다. 지금도 보관하고 있는 여권이 5개나 된다.

그렇게 3년이라는 세월이 흐른 2005년 어느 날, 인터넷 뉴스에서 한국행을 하는 북한 사람들의 소식을 접하면서 북한에 계신 부모님 생각이 많이 났다. 그러던 중 북한행을 결심하게 되었고, 스스로 북경에 있는 북한 대사관을 찾아가서 그 길로 고스란히 중국 단동을 거쳐 북한 신의주 보위부를 걸쳐 청진에 있는 정치범 수용소로 옮겨졌다.

3년 만에 내 고향이라고 찾아간 그곳은 과연 어떤 모습일까? 중국 돈을 혹시 숨겨두지 않았나 하고 가죽 벨트로 살점이 나가도록 때리고 한국행이라면 무조건 정치범으로 몰아 총살과 처형하는 현실, 그리고 도망하는 사람에게는 총탄을 퍼붓고, 감옥 안에서 기도하거나 북한 노래가 아닌 찬양을 하면 바로 그 자리에서 6~7

명이 달려들어 때려죽이는 등 TV나 잡지에서만 보던 일들이 벌어졌다. 나도 소름이 돋고 온몸에는 전율이 쫙쫙 흐르고 있었다. 물론 나라를 배반한 반역자라고 하지만 너무도 처참한 환경들이 눈앞에서 아른아른할 때마다 나는 쇼크에 빠지곤 했다.

하늘이 다 보이고 쥐가 득실한 감방, 유리 대신 비닐로 댄 창문은 북방의 4월 추위를 단숨에 삼켜버릴 듯이 몸부림치고 있었다. 이와 벼룩이 득실대는 3~4평 남짓한 방, 쥐가 3살짜리 아들의 장딴지와 허벅지 살점을 뜯어 먹는 그날의 순간들을 기억했다. 나 때문에 나의 가족과 친척들이 죽음을 기다리며 나에게 온갖 욕설과 행패를 부리고, 나를 조롱하며 나의 전부인 아들마저 때리며 피 흘린 몸을 나에게 던질 때마다 나는 피눈물을 삼키며 살아서 복수할 그날을 기다렸다. 생각만 해도 소름이 끼치고 무서움과 공포에 시달리던 그날들은 평생 잊지 못할 것이다.

무시래기 겉잎에 씻지도 않은 옥수수 껍질을 섞어서 만든 세 숟가락 되는 밥을 놓고 싸움으로 한 끼를 기다리는 사람들, 아프고 눈물 많은 사연을 다 이야기하려면 한 달 동안 밤새우며 말을 해도 시간이 모자랄 것이다.

나를 훈련시키신 하나님

사람의 마음은 너무 간사한가 보다. 전에는 성경에 대해 잘 몰랐고 내가 믿는 하나님을 자꾸 의심하고 시험이 들 때마다 미신이라고 믿었는데 막상 북한에 가게 되니 그냥 하나님께 매달리게 되었다.

"주님, 나를 살려주세요. 하나님이 계시다면 제발 도와주세요. 하나님이 나를 도와주신다면 평생 주님의 딸로 살겠습니다!"

나는 회개하기 시작했다. 그리고 감옥에 들어가자마자 단식을 했다. 이미 폐인이 된 상태지만 기도할 때마다 하나님은 나에게 기적을 주셔서 숨을 쉬게 하셨다. 북한 공안들은 북한의 최고급 대학인 의과대학을 당에서 무료로 공부시켜주었는데 반역보다 더 심한 역적이라고 하면서 심한 말을 퍼부었다.

"야, 이 XX야! 너는 총알도 아깝고 불에 태워 죽여도 아깝다. 너는 말려 죽여서 사람들 보는 앞에서 갈기갈기 찢어 죽이고 너의 가족들은 생매장시킬 테니 그리 알아라! 들었니, XX야!"

나는 북송되자마자 삶을 포기한 상태였다. 다행히도 죽을 생각으로 한 달을 밥 한술도 입에 안 넣어 영양실조와 급성 폐렴으로 자리에서 일어나지 못할 형편이었다. 하루라도 빨리 죽고 싶어 혀를 끊으려 했지만 기운이 없었고, 옷에 달린 쇠로 된 장식고리 20개를 먹어도 죽음의 고통에서 벗어나지 못하고 점점 더 괴로운 생활만 이어졌다. 쇠고랑 찬 나의 손과 발은 움직일 때마다 더욱더 나를 강하게 조여왔다.

그때 감방에서 매일 부르며 기도하던 찬송이 〈세상에서 방황할 때〉(세상에서 방황할 때 나 주님을 몰랐네. 내 맘대로 고집하며 온갖 죄를 다 저질렀네. 예수여 이 죄인이 용서받을 수 있나요. 벌레만도 못한 내가 용서받을 수 있나요.)였다.

3살짜리 아들이 교회 데리고 가면 놀기나 하고 장난이 심해 속을 태우더니 그날은 고사리 같은 두 손 모아 "하나님, 우리 엄마랑 나랑 살려주세요"라고 중국어로 기도하는 모습을 보고 '나는 살 수 있구나' 하는 생각과 함께 머리가 뻥 뚫린 느낌이 들었다.

하나님께서는 내가 간절히, 애타게 눈물로 하는 기도와 신음까지도 다 듣고 응답하셔서 놀라운 변화를 주셨다. 가족을 동원하여 병보석(일시 몸을 회복시키기 위해 당분간 병원에 입원)으로 20일 동안 시내 병원에 입원하게 되었고 그때 운명의 끝자락에서 초인간적인 힘을 다해 3살짜리 아들을 등에 업고 병실 2층에서 떨어져 기적 같은 탈출을 하도록 친히 도우셨다. 하나님은 나와 아들의 머리에서 발끝까지 하나도 상하지 않게 인도해주셔서 탈출에 성공하게 하셨다. 다시는 중국 땅을 밟지 않겠다고 맹세하던 중국으로 또다시 넘어가는 과정도 지켜주셨다.

하루하루 눈물로 지새는 인생이 처량하고 비참하여 자살 시도를 했다. 중국의 거리에 누워보기도 하고, 바다에 뛰어들기도 했다. 그러나 쉽게 죽을 수 없음을 알았다. 내가 살 수 있는 곳은 한국밖에 없음을 TV와 인터넷을 통해 알게 된 이후로 악착같이 한 푼 두 푼 모아 돈을 장만하여 한국에 오게 되었다.

그 과정에 몽골의 사막에서 총에 맞아 죽고 얼어 죽은 사람들을 보면서 '도대체 왜 우리만 이런 고통을 당하는가'라고 주님께 불평하고 하소연도 많이 했다.

나뭇잎 하나 없는 앙상한 나뭇가지같이 떨던 나는 2006년 초겨울에 한국에 첫 발을 디뎠고 그로부터 3년이라는 세월이 흘렀다. 혈혈단신으로 내려와 누가 반갑게 맞아주는 곳도 없었고, 아플 때 머리맡을 지켜주는 사람도 없이 이 땅에서 정처 없이 헤맸다. 슈퍼에 가서 천 원짜리를 살 때도 두세 바퀴를 돌고, 사과가 먹고 싶어 그 앞에서 맴돌다 돌아오기도 하고, 두부 한 모를 사서 30개로 쪼개어 먹으면서 하루하루를 보냈다.

어찌 보면 북한은 먹을 게 없어 살기 힘들고 중국은 공안이 무서워 못 살고, 한국은 자유는 있는데 물가가 세고, 같은 언어지만 보이지 않는 장벽으로 너무 힘든 세상인 것 같다. 다시 북한에 갈까? 아니면 미국이라는 곳에 가볼까? 아니면 그냥 죽어버릴까? 고통도 눈물도 없는 곳에 살고 싶은 희망도 간절했다.

남들은 영화 구경 가고 식당에서 맛있는 음식을 먹고 명절이나 휴가철을 가족과 함께 즐기는데 난 공부한다고 매일 뛰면서 열심히 사는데도 앞이 보이지 않았다.

아파트 관리비 절약한다고 추운 겨울 찬 방에서 쪼그리고 누워 아파트 위를 지나가는 비행기를 바라보며 고향 생각에 잠 못 이룬 날들, 외로워서 손바닥에 피가 나도록 치면서 목 놓아 울던 시절들이 오늘따라 가슴을 울리기도 한다.

복음성가 〈왜 나만 겪는 고난이냐고〉를 부르면서 밤을 새기도 하였다. 하나님께 무릎 꿇고 엎드려 나를 불쌍히 여겨달라고 또다시 기도하기 시작했다. 솔직히 말씀드리면 지금의 내가 겪는 고통은 아무것도 아니다. 예수님이 우리의 죄를 위해 십자가에 매달리셔 고통과 죽음을 당하신 모습에 비하면 나는 너무도 배부른 흥정을 하는 것을 깨닫게 된다.

나는 주님의 딸입니다

나는 모든 것에 감사하고 있다. 지금은 주님께 필요한 것을 구하면 응답이 오고 이젠 누가 무어라고 유혹해도 내가 믿는 신앙, 내가 믿는 하나님이 세상에서 제일 좋다. 왜냐하면 나는 주님의 딸이기 때문이다.

내가 좋아하는 성경말씀이 있다.

우리 주 예수 그리스도의 하나님, 영광의 아버지께서 지혜와 계시의 영을 너희에게 주사 하나님을 알게 하시고 너희 마음의 눈을 밝히사 그의 부르심의 소망이 무엇이며 성도 안에서 그 기업의 영광의 풍성함이 무엇이며 그의 힘의 위력으로 역사하심을 따라 믿는 우리에게 베푸신 능력의 지극히 크심이 어떠한 것을 너희로 알게 하시기를 구하노라(엡 1:17~19).

하루에도 수십 번, 밥 먹을 때나 잠들 때, 깨어나서도, 학교로 오갈 때나 지하철 안에서도 떠오르는 말씀이다.

나는 한국에 와서 한 지인의 소개로 남한 사람을 만났다. 그는 불교 신자이고 대대로 내려오는 전통인 우상숭배를 하는 집안이었다. 하나님은 그를 전도하게 하시고 이제는 불교 집안의 대가이신 아버지를 하나님 앞으로 인도하고 그 집안을 위해 나에게 끊임없는 기도와 말씀을 주셨다.

술과 담배로 얼룩져 날마다 방탕한 생활을 하던 형제가 예수님이 자기 때문에 십자가에 매달려 돌아가심을 믿고 영생 구원, 천국의 소망을 안고 회개하기 시작하여 이제는 열심히 교회 봉사하는 천사로 살게 되었다. 날마다 기도하며 불교 가문인 친척과 안 믿는 식구들을 위해 눈물로 기도하는 모습을 하나님은 귀하게 쓰임받도록 인도해주셔서 천 원짜리 돈도 아까워 헌금도 하지 않던 그에게 놀라운 변화를 주셨다. 하나님께서는 1년 반을 고난 속에, 눈물로 기도한 북한에서 온 한 소녀의 기도에 응답하여주시고 결혼까지 인도해주셨다. 나는 남편 될 형제에게 행하시는 일들과 나의 지나온 생활과 현장들에 함께하신 성령 하나님, 고난과 핍박 가운데서 구원하시고 도와주시며 인도하시는 그분의 행하시는 일들을 날마다 체험하고 있다.

또한 하나님께서는 나를 연세대학교에 보내주시고 많은 주의 종을 통하여 내가 신앙생활에 선한 사람으로, 믿음의 사람으로 거듭나 남북통일된 그날 북한에 가서 의료선교사로서의 사명감을 다하도록 인도해주셨다. 하나님은 나를 이 땅 가운데 불러주시고 공산 정권 아래 날마다 신음하며 죽어가는 북한의 영혼들을 위해 기도하고 우상숭배하는 내 동포 형제들에게 예수님의 복음으로 사랑을 전하도록 사명을 주셨다.

나는 잠을 잘 수가 없다. 예수님이 이 땅에 다시 재림하는 그날까지 주님의 딸로 많은 훈련과 과정을 통해 통일된 조국의 리더로 쓰임받기 위해 최선을 다하려고 한다. 조금만 견디고 참으면 반드시 좋은 날이 올 거라고, 꿈과 희망을 안고 최선을 다해 살고 있다.

나는 어디서 왔고 무엇을 해야 하는지, 통일된 조국에 가서 무엇을 해야 하는지, 나의 꿈과 목표는 무엇이고 내가 할 수 있는 일은 무엇인지에 대해 5년, 10년 단계별 계획과 목표를 세우고 주님께서 우리에게 명령하신 전도에 나의 열정과 헌신을 다하려 한다.

학업과 여러 가지 일 가운데 너무 바쁘고 힘들지만 우리는 지금의 상황보다 더 어렵고 힘든 길도 헤쳐왔기에 주저하지 말고 일어설 수 있음을 믿으며, 하나님의 뜻과 섭리 안에 오늘의 내가 있음을 다시금 깨달으며, 내가 만난 하나님, 내가 아는 그분의 위대함을 찬양하고 기도드린다.

이 글을 쓰면서 대한민국 교회가 합심하여 남북통일과 주위의 힘들어하는 영혼들을 전도하고 힘쓰는 데 함께 기도했으면 하는 작은 소망을 적어본다. 예수님은 우리 모두가 섬기는 자가 되길 원하신다. 지금 이 순간도 새 일을 행하시는 하나님, 꿈을 위해 우리에게 말씀 주시는 하나님께 나의 미래를 맡긴다.

"나는 주님의 딸입니다. 오늘도 내일도 미래까지도 영원토록!"

옛날 일을 생각하지 말라
보라 내가 새 일을 행하리니
이제 나타낼 것이라
사 43:18~19